Library of Marxism Studies, Volume 1

马克思主义研究论库
第一辑

国家出版基金项目
NATIONAL PUBLICATION FOUNDATION

民主化的进程
The Process of Democratization

［匈］捷尔吉·卢卡奇（Georg Lukács） 著

张翼星　夏璐　译

中国人民大学出版社
·北京·

出版说明

　　马克思主义是我们立党立国的根本指导思想，是我们认识世界、改造世界的强大理论武器，加强和推进马克思主义理论研究和建设，具有十分重要的意义。当前，随着中国特色社会主义伟大实践深入推进，新情况、新问题层出不穷，迫切需要我们紧密结合我国国情和时代特征大力推进理论创新，在实践中检验真理、发展真理，研究新情况，分析新矛盾，解决新问题，用发展着的马克思主义指导新的实践。时代变迁呼唤理论创新，实践发展推动理论创新。当代中国的学者，特别是马克思主义学者，要想适应时代要求乃至引领思想潮流，就必须始终以高度的理论自觉与理论自信，不断推进马克思主义中国化、时代化、大众化，不断赋予马克思主义新的生机和活力，使马克思主义焕发出强大的生命力、创造力、感召力，放射出更加灿烂的真理光芒。

　　为深入推进马克思主义理论研究、马克思主义中国化研究，中国人民大学出版社组织策划了"马克思主义研究论库"丛书。作为一个开放性的论库，该套丛书计划在若干年内集中推出一批国内外有影响的马克思主义研究高端学术著作，通过大批马克思主义研究性著作的出版，回应时代变化提出的新挑战，抓住实践发展提出的新课题，推进国内马克思主义研究，促进国内哲学社会科学的繁荣发展。

　　我们希望"马克思主义研究论库"的出版，能够受到广大读者的欢迎，为推动国内马克思主义研究和教学作出更大贡献。

中国人民大学出版社

目　录

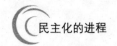

中文版译者序 应当借鉴卢卡奇晚年关于社会主义民主的探索

张翼星

卢卡奇（Georg Lukács，1885—1971）是匈牙利现代卓越的思想家和革命家，在 20 世纪国际政治的风云变幻中，他起到和产生过巨大作用和影响，也经受过严重曲折和磨难，但他始终密切关注国际社会主义事业的前途和命运，坚持马克思主义的创造性探索。他一生的理论活动，不仅具有跨越多种学科的特点，而且是沿着愈来愈成熟的方向发展的。如果说，1923 年发表的《历史与阶级意识》，是他早期的成名作，带有过渡性和两重性的特点，曾在国际上引起诸多争议，那么，他晚年形成的《社会存在本体论》、《审美特性》和《民主化的进程》三本著作，则标志着他理论上的重大进展和臻于成熟。他晚年理论探索的主旨，也是他晚年多次谈话中反复强调和倡导的重点，可以概括为两个方面：马克思主义的革新和社会主义的民主化。在 20 世纪 60 年代末，依据对社会主义实践和体制改革经验教训的总结，他认为这是关系到社会主义成败的两个最基本的问题。他晚年的三本著作，看来形成了一个整体，比较充分地体现了他最后集中探索的理论成果。《社会存在本体论》与《审美特性》，是试图完善马克思主义哲学和美学的基本理论，推动了整个马克思主义的复兴，而《民主化的进程》则是着重阐明和倡导社会主义的民主化。卢卡奇认为，这两个方面是相互推动、相得益彰的。社会主义民主化是马克思主义革新的政治前提，而马克思主义的革新又

是社会主义民主化的理论保证。

卢卡奇晚年的三本著作,既是他一生马克思主义理论探索的逻辑结论,又是他对社会主义国家体制改革的经验总结。社会主义国家的体制改革,是第二次世界大战后,特别是苏共二十大后连续发生的重大历史现象,也是当代国际社会主义实践中的普遍的历史趋势。从20世纪50年代开始,南斯拉夫和卢卡奇所在的匈牙利,都曾先后进行改革的试验,走上改革的道路。60年代,这种改革扩展到东欧的一系列国家,苏联也曾步入缓慢而起伏的改革进程。到卢卡奇晚年写作三本著作时,改革已经经历了一段并不平坦的道路。改革的突出任务,是要打破在苏联形成而推广到一系列国家的那种高度集中、过分强制的经济体制和政治体制,并且结合各国的具体实践和民族特点,探索富有活力的社会主义新道路,这已形成一种强大的历史潮流。卢卡奇在批判斯大林主义的同时,就已站在这种潮流的前列,积极支持改革,而且他认为,改革的深入发展,必须以革新的马克思主义为指导。经济的发展,固然是社会发展的基础和拱顶石,但经济和社会的其他方面是不能分割的。因此,不仅经济体制需要改革,上层建筑和意识形态等方面也需要相应的改革;不仅经济学需要革新,整个马克思主义理论都需要革新。卢卡奇正是依据这种改革的要求和趋势,与马克思主义理论的完善、创新相结合,对有关社会主义民主的一系列理论和实践问题提出了自己的独到见解。这集中反映在《民主化的进程》一书中。

《民主化的进程》写于1968年3月至11月。卢卡奇在1968年9月2日致弗兰克·本塞勒博士的信中说:"我的脑际时常有一种想法,写一篇长文论述现代民主化(包括两种制度)的社会本体论。"这篇长文是在11月末完成的,原来的标题是:"民主化的今天和明天"。作者为自己确定的目标是:考察民主的现在和未来,估量它在资本主义和社会主义两种制度中实现的可能性。他要求尽力把握社会主义制度下真正实现民主化的机会。

对民主问题的关注,贯穿在卢卡奇一生的理论著述活动中,这与他关于人道主义的思想渊源是密切联系的。1922年,他曾发表《再论幻觉政治》一文,激烈地谴责党内官僚化和权力主义的滋长。1939—1940年,他在《国际文学》杂志上发表了题为《人民领袖还是官僚?》的文章,这是斯大林时期在苏联发表的最尖锐而透彻地批评官僚主义的文章。苏共二十大之后，凭借社会主义国家体制改革的实践，结合对斯大林主义的批判，他的关于社会主义民主的思想更加明朗化了，这使得他到晚年能够作出进一步的理论概括。《民主化的进程》的全部手稿直到1985年才在德国正式出版。1991年出版了第一个英译本（由美国学者诺曼·莱文翻译。中译本就是根据莱文的英译本译出的）。他一直认为，民主化问题是与社会主义的深远的历史使命息息相关的。

在这里卢卡奇着重论述的问题是：

一、如何看待民主的历史类型

卢卡奇的民主观基本上坚持了历史唯物主义。他认为民主的类型及其兴衰奠基于经济结构之内。历史上的政治思想家，从亚里士多德开始，虽然涉及民主及其形式的多样性，但不能认识民主制度与社会经济结构的关系。马克思才是从社会生活的基本事实出发的第一人。

卢卡奇指出了历史上两种基本的民主类型：一种是古希腊时期城邦民主制，这种城邦的成员是民主的积极参与者。这与部分土地公有制的经济基础是分不开的。城邦民主制随着其经济基础的分解而消亡。另一种是近代资产阶级民主制，以法国革命为典型，受到希腊城邦民主制理想的影响。它的表现形式是多样的，但其自由、平等的基本模式，仍然是由经济条件决定的。卢卡奇指出，商品"交换价值的交换，是一切平等与自由的现实基础"。这种民主制的目的是建立资产阶级理想化的王国，它包含着一切固有的矛盾，但仍然意味着人类历史的巨大进步。但是，与城邦制民主截然不同，资产阶级民主是以私有制的社会存在为基础的。商品交换和商品贸易的世界，决定了近代资产阶级国家的上层建筑。宪法承认物质资料生产的私有制是整个社会现实的基础。在资本主义社会，一方面，劳动的社会化达到了较高的水平；另一方面，人与人的关系是利己主义的，正如马克思所说："使每个人不是把他人看作自己自由的**实现**，而是看作自己自由的**限制**。"同时，卢卡奇还批判了资产阶级民主的虚伪性。在他看来，资本主义的民主形式是虚伪的，在20世纪的资本主义工业社会中，占有的范畴达到了顶峰，资产阶级鼓吹的自由、平等的理想形式是不可能真正实现的，它只不过是资产阶级

为了利己主义目的进行阶级利益调整的工具。因此，资产阶级民主决不能作为社会主义民主的一种现实的选择。他指出，选择资产阶级民主作为摆脱斯大林主义的出路的任何企图，只是徒劳无益的幻想，只会导致社会主义的解体。可见，卢卡奇是不主张照搬西方政治制度的模式的。

二、社会主义的"危机"是怎样发生的

为什么社会主义国家会出现大致相同的"危机"？这种危机的根源何在？这是国际共产主义运动中引人深思的问题。在卢卡奇看来，所谓社会主义的危机，是由斯大林时期出现的各种制度、倾向、理论、策略的总和造成的。苏共二十大对这种危机作过表述，并且为了克服这种危机而开始了改革的理论与实践。但是，苏共二十大把危机的原因又主要描述为对斯大林的"个人迷信"。有人很快就对此提出异议，比如意大利共产党前总书记陶里亚蒂，便反对把斯大林的个人性格特征看作社会主义深刻危机的最终原因，要求对斯大林时期的问题作出社会历史的分析。

那么，社会主义危机的根源究竟何在？卢卡奇认为，这首先与经济文化比较落后国家的社会主义革命的"非经典"的性质相关。马克思主义创始人原来设想的社会主义革命，是首先在一系列先进资本主义国家同时发生的。这原是一种"经典"性的设想，但历史却走着奇特的路。十月革命是在经济、文化比较落后的俄国发生的，后来又在亚洲和东欧出现一系列社会主义国家，这便表现为"非经典"性。西方社会民主党人曾经指责俄国十月革命通过暴力推翻资产阶级的统治是一种"早产"或"错误"。卢卡奇不同意这种观点，他认为当时十月革命夺取政权的斗争，与广大人民群众解决两个问题（战争问题与农民问题）的迫切愿望是一致的。只有尽快结束世界战争，才能使群众摆脱苦难的深渊；只有彻底避免封建主义和资本主义的剥削，才能使农民获得解放。这两个问题的解决，虽然并不直接具有社会主义的特征，并没有克服"非经典"性的经济问题，但却意味着广阔意义的革命形势，实际上为社会主义的发展开辟了道路。

在卢卡奇看来，俄国十月革命和落后国家走上社会主义道路的"非

经典"性，突出地产生两个相互联系的问题：一是经济问题，二是民主问题。在革命取得胜利和结束战争之后，就应当一面发展经济，一面发展民主。因为按照马克思的观点，人类历史的发展，是决定论与目的论的辩证统一。经济的发展与人的自觉能动性是相互促进的。这个经济发展与民主发展的相互关系问题，或者说经济与政治的相互关系问题，马克思恩格斯在创立科学社会主义理论时，还不可能提供理论的解决。随后，包括列宁在内，也没有谁从理论上给予系统的阐述。但是，列宁的目光，是同时注视着这两个方面的。因此，在战争基本结束之后，列宁便把经济建设看作苏维埃政权的中心任务。在人生的最后阶段，列宁怀着疑惑和焦虑的心情思考着如何解决官僚政治的问题。卢卡奇认为，被称为"列宁遗嘱"的最后通过口述形成的著述，是已知的最有悲观色彩的历史文献。其中对社会主义民主问题倾注了极大的关切，关于民主建设的构想已见端倪。然而，列宁的后继者们却中断了列宁的思路，再也没有人在这方面奉献自己的才华与精力，而只在一国能否保持社会主义胜利问题的回答中，贯穿着权力斗争，并且陷入经济主义的泥潭，忽视了苏联社会主义发展的民主方面。似乎在生产资料国有化之后，无产阶级专政就提供了对复杂问题的一切本质的回答，似乎肯定了一国完全建设社会主义的可能，就代替了对俄国革命的"非经典"性问题的回答。这样，逐渐使斯大林主义代替了列宁主义，僵化的社会主义模式得以形成，这正是社会主义危机发生的原因。这个问题，直到苏共二十大时，仍未得到解决。因为在苏共二十大上，赫鲁晓夫虽然频繁而激烈地批评了斯大林的错误，但他仍然是一个经济主义者，只考虑社会主义的经济前提，而政治与民主的前提，却都在他的视野之外，因此，他仍然把自己局限在斯大林主义的范围之内。

卢卡奇的这种分析，显然总结了苏联、东欧社会主义实践的经验教训，并试图恢复列宁主义的基本思想，这至今仍然值得我们深思。

三、怎样分析斯大林的错误

对于斯大林的错误，卢卡奇有一个认识过程。由于历史环境的差别，卢卡奇对待斯大林思想的态度，前后确实有所不同。总的看来，在侨居苏联和反法西斯战争时期，为了维护历史上第一个社会主义国家的生存和保证反法西斯战争的胜利，卢卡奇在政治上对斯大林的路线、政策表示了基本支持的态度。特别是在与法西斯力量决战的时刻，他更是深明大义、顾全大局，认为必须无条件地和斯大林所领导的党团结一致，把这种团结看得高于一切。他认为赢得反法西斯战争的胜利，比理论、政治、思想上的某些分歧和争议更为重要。实际上，在反对法西斯主义的侵略和坚持一国建成社会主义的问题上，卢卡奇坚决支持了斯大林的路线的主张，批判了托洛茨基的观点。正如他在 1957 年所说："斯大林曾反对托洛茨基，胜利地捍卫了列宁关于'一国建成社会主义'的理论，从而在社会主义发生内部危机时拯救了社会主义，这一切功劳是很大的。"①

在《民主化的进程》中，卢卡奇又明确地肯定了斯大林的历史功绩。他指出，斯大林为苏联建立了社会主义的工业基础，在一定程度上补偿了因十月革命的"非经典"性而形成的弱点。苏联曾经成为世界上的工业强国和重要的经济力量，而且没有在基本原则上向资本主义妥协。因此，在第二次世界大战中，希特勒只是在苏联发现自己的敌人，这个敌人会以最大的牺牲和不可动摇的决心达到完全消灭对手的目的。斯大林虽然在个别事件上有不少策略性的错误，但他使苏联成功地发挥了它作为世界和平维护者的作用，在短期内能够生产它自己的原子弹，形成核对峙，对于有效地防止第三次世界大战、遏制帝国主义的世界霸权是有重要意义的。卢卡奇曾经明确地指出："以为斯大林所做的一切都是错误的或反马克思主义的，则纯粹是一种偏见。"②

但是，长期以来，在政治、理论方面的一系列重要问题上，卢卡奇的思想与斯大林的思想是有着原则分歧的。比如，在革命纲领和政权组织形式上，早在 1929 年他为匈牙利共产党起草的《布鲁姆提纲》中，就没有按照斯大林的主张去照搬俄国革命的经验，要求立即实行无产阶级专政，而是依据列宁的思想，结合匈牙利的革命实际，主张实现列宁在 1905 年提出的"工农民主专政"的目标；在反对法西斯主义的斗争策略上，由于法西斯主义在 20 世纪 30 年代崛起，斯大林把西方的某些社会主义的主张和资产阶级民主都谴责为只是可供右的极权主义选择的

---

① 《卢卡奇自传》，231 页，北京，社会科学文献出版社，1986。
② 同上书，130 页。

形式，卢卡奇则要求探寻一条不同的途径，把民主看作对法西斯主义的一种防御。斯大林曾把社会民主党人描绘成法西斯分子的"孪生兄弟"，拒绝与之联合，卢卡奇则要求联合资本主义社会中包括社会民主党人在内的各种民主力量，建立"人民阵线"，共同抵抗法西斯主义的崛起和侵略；在政治制度和政治生活上，斯大林建立高度集权的体制，卢卡奇则在20世纪30年代就反对过分集中和极权主义，而主张广泛联合各个民主阶层，把社会主义民主贯彻在经济领域和日常生活中；在文艺创作和文学理论上，卢卡奇积极倡导文艺创作中的自主性，反对不合理的行政干预，反对单纯以意识形态作为衡量艺术和美学成就的标准，同时，他主张贯彻能动的反映论和现实主义，反对单纯模拟生活的自然主义观点；在对待哲学史遗产的态度上，当斯大林和日丹诺夫把黑格尔思想简单地判定为对法国唯物主义和法国大革命的反动时，卢卡奇则坚持深入研究黑格尔哲学，发掘黑格尔思想的合理方面，他于1938年写成《青年黑格尔》一书，着重揭示了黑格尔辩证法的形成与法国大革命、英国工业革命所引起的经济问题的关系。由于与斯大林的观点大相径庭，这部书稿直到1948年才在苏黎世出版。

20世纪50年代中期以后，卢卡奇更加深入地思考了斯大林问题，公开地对斯大林的错误进行了批评。但是，他没有为国际上那股全盘否定斯大林的浪潮所左右，而是在肯定斯大林的某些功绩和贡献的同时，对斯大林的错误进行了严肃的分析和批判。当不少人囿于个人恩怨，把斯大林的错误和所造成的严重后果归咎于个人品质，甚至进行谩骂和人身攻击时，卢卡奇却冷静地把斯大林问题看作一种社会历史现象，结合马克思主义理论和社会主义实践的历史过程来考察，着眼于揭示斯大林错误的实质和方法论根源，以便从理论上总结经验教训，有利于社会主义事业更好地向前发展。

在《民主化的进程》中，卢卡奇对斯大林方法论的错误的批评，主要涉及以下几点：

首先，斯大林颠倒了马克思主义的战略与策略的关系，实行"策略至上"的原则，把策略上的需要置于首位。卢卡奇认为，这种错误实质上是采纳资产阶级的所谓的"现实政治"的观点。因此，这不仅是俄国或斯大林主义的问题，而且是20世纪社会主义内部某种占支配地位的倾向。斯大林把经济学曲解为一门专门的实证主义科学，要求把社会主

义建设单独集中在工业的发展上，完全忽视人民群众物质文化生活的需要，忽视社会主义的民主问题。同时，在经济学方面，斯大林要求恢复马克思主义的价值规律，也是出于策略的考虑。他混淆了价值规律本身及其呈现在商品交换中的现象，把价值确定为商品交换，而马克思则是把价值的实体确定为劳动时间。按照马克思的观点，即使在社会主义条件下，剩余劳动也继续存在，如果剥夺劳动者的剩余劳动时间，那么，剥削就仍然是可能的；按照斯大林的观点，社会主义条件下消灭了商品交换，也就消灭了剩余劳动，因而剥削就不可能存在。在卢卡奇看来，这就为社会主义的"原始积累"提供了舆论根据。策略至上的另一个例证，是在国内政治方面，斯大林制造了阶级斗争在社会主义制度下日益尖锐化的理论，他不是从阶级斗争的客观实际出发，而是为了战胜自己的对手，从对布哈林等人采取特殊情况策略的需要出发，在采取了这种策略之后，再炮制某种论点去论证。

其次，斯大林把马克思与列宁的方法论原则简单化甚至庸俗化了。卢卡奇指出，这突出地表现在关于辩证法的定义上。列宁在《哲学笔记》中本已深化了马克思主义的辩证法，而斯大林在《联共（布）党史》第四章第二节中提供的，都不过是某种简单化的几个"特点"。这种东西在30年代成了马克思主义和列宁主义哲学的替代物。在马克思主义哲学的理论来源上，列宁是把马克思主义看作整个人类思想文化，特别是西方人类思想文化的最高成果，而斯大林则说马克思主义理论"是各国革命运动经验的概括"，把它限制为无产阶级的经验。在卢卡奇看来，如果马克思主义哲学离开了它的文化遗产和思想先辈，那么它就会与广阔的人道主义相分离，并且失去它的较高的目的。斯大林企图排除哲学史上的辩证法思想，特别是黑格尔辩证法思想对马克思主义哲学的影响，通过日丹诺夫把黑格尔说成是对法国唯物主义和资产阶级革命的反动，把马克思主义哲学表述为脱离西方哲学遗产的某种孤立出现的思想，似乎在资产阶级和以前的世界中没有任何先驱者，这就必然导致马克思主义哲学的简单化和庸俗化。

卢卡奇认为，苏共二十大的积极成就，在于发动了对斯大林主义的批评，但它的弱点也在于这种批评仅仅是部分的，只集中于表面问题上，并未切入斯大林主义制度的核心，对个人迷信的批评不是不正确，而是不全面、不深入。在卢卡奇看来，斯大林主义的错误，不能归结为个人极权主义或对法律原则的毁坏，斯大林主义制度仍然根源于经济问题，它有着深刻的社会后果，核心问题涉及"原始积累"。就是说，在快速工业化的态势下，经历了一种社会主义的"原始积累"。在推动工业化的发展方面，斯大林主义制度有其成功之处，但当生产发展到一个特定的水平，所生产东西的质量和提供服务的优质性的问题就出现了。斯大林企图用过时了的政治方法来统治第二次世界大战后的新的社会经济秩序，只顾集中发展重工业，对人民消费的需要漠不关心。集中的官僚主义计划机构越是僵化，就越是难以在量和质方面适应消费者的普遍需要，政治统治的局面也越来越难以维持了。

可见卢卡奇对斯大林的错误的批判，是比较客观而全面的，这与单纯的政治性谴责，或单纯归咎于个人品质、个人崇拜的批判相比较，是一种更高层次的理论批判，是上升到哲学方法论的分析，因而较深入地触及错误的性质和根源，有利于总结有益的经验教训，防止和避免类似的历史现象重演。

四、社会主义民主化的根据和特征是什么

在《民主化的进程》中，卢卡奇运用了德国古典哲学和马克思早期著作中的概念，如市民社会、类存在和人的目的性活动等，试图为社会主义的民主化体制作出哲学论证。在这里，卢卡奇对政治和民主的理解，不再停留在阶级矛盾和阶级斗争上，而是着眼于市民社会和人的类存在。在他看来，政治的概念，广义地说，是对社会争议的裁决，是社会作出协议的要求。因此，政治是社会永远呈现的需要。社会主义社会是存在着阶层、集团的社会，个人、阶层和集团之间的争议总是需要裁决的，而裁决就要达成某种协议。民主就是要保证这种裁决能为大多数人接受，这种协议能成为大多数人控制的途径和手段。从这个角度看，社会主义社会在解决了阶级矛盾和阶级斗争之后，或者在阶级矛盾和阶级斗争之外，民主的问题就凸显出来，显得十分迫切。这就是卢卡奇强调社会主义民主化的主要原因。卢卡奇认为，民主的深化并不寓于社会的平均分配之中，而是寓于社会的个人、阶层和集团的合理协议之中，卢卡奇像马克思那样，相信市场社会的政治化，因为市民社会是人类

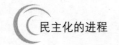

日常生活直接而顺当的表达，政治是一切市场社会生活所必需的职能。在卢卡奇看来，巴黎公社或苏维埃一类的制度，就是这种市民社会政治化的合适制度。这种制度呈现出来的本质的东西，就是上下的直接沟通和实践中互相适应，可以避免资本主义社会代议制民主或议会结构的形式主义。但是，巴黎公社和苏维埃的组织形式，都是在革命和战争的年代，由人民群众热情高涨地自发兴起的，现在已经时过境迁，不可能再恢复这种组织形式了，必须开创新的社会主义民主化的途径。

1. 社会主义民主的理论根据

卢卡奇认为，马克思主义的经典作家都已去世，没有为社会主义民主问题留下清晰的大纲，完整的民主的意识也不可能在居民中自发地形成。在卢卡奇看来，社会的发展，是客观的社会结构与自觉的人类活动相互作用的结果；民主，既是客观的政治体制，又是人的自觉活动的工具。

在《民主化的进程》中，卢卡奇强调人的能动性的人类学思想，用来阐述民主的概念。他不再从劳动的数量上着眼，不再思索民主与商品价值学说之间的联系，而着重思索人的能动性的需要，要求从质量上开辟一条充分发动人们参与社会活动的途径，促进人的才能或潜能的增强和发挥。由此，卢卡奇批评了拉萨尔和斯大林关于社会主义的定义。拉萨尔把社会主义说成是"对劳动的不折不扣的补偿"。斯大林把社会主义说成消灭剩余劳动，完全忘记了剩余劳动对社会的发展是必不可少的。这两种观点都把社会主义归于单纯的经济。卢卡奇则对社会主义作出了新的定义，他不把商品的丰富而把民主的实现置于首位，从而把社会主义确定为保证实现比较充分的民主的唯一途径。

卢卡奇运用类存在的概念，从实质上对比了社会主义的劳动方式与资本主义的劳动方式。他认为，在资本主义条件下，所谓劳动的人化，意味着通过工具的创造，人能够适应于现存的或新引进的劳动方式。劳动条件的改善，是增加生产的手段，目的是要增长剩余劳动的剥削率。在社会主义条件下，劳动的人化则有了完全不同的意义。人的劳动方式必须符合人的类存在，而人的类存在的能动性便成为创造劳动条件的指导原则。他指出："这种类存在的自我活动有可能作为社会主义民主的根据而起作用，可能成为自由王国的准备，尽管走向自由王国的旅程很长，并且充满着矛盾和暂时的障碍。"

卢卡奇把社会历史看作两条线索发展的结果：人的劳动或工作，这是主观的方面；自然或社会经济环境，这是客观的方面。历史是人类实践和自然、社会的相互作用。卢卡奇认为，按照人类目的论的设想，社会主义不同于所有以前的社会结构。比如，资本主义社会受必然的经济规律的支配，缺乏自觉的合目的的方向，人、主观的东西被迫适应于经济的客观的东西。马克思承认经济（属于必然王国）是共产主义（属于自由王国）必不可少的基础，他反对乌托邦的任何形式；同时，马克思又指出，自由王国是必然王国的"另一个世界"。马克思在论述社会结构的经济决定论时，从未忘记人的有目的的实践活动。在自由王国阶段，相信人类将在"最无愧于和最适合于他们的人类本性的条件下"劳动。马克思所设想的社会与资本主义完全不同：不是让经济控制人的类，而是让生产过程向着有价值的方面调节，并且尊重人性的本质。卢卡奇认为，资本主义的本质仍然是让经济控制人的类，而马克思则是要把这一过程转换过来，允许人性指导经济，要求把人性的需要置于经济关系之上。当然，高度发展的经济仍然是一种前提（或基础）。所以，社会主义的民主化，就是要充分发挥人作为类存在的自觉能动性，发挥劳动者在政治、经济活动和日常生活中的积极参与作用。他对社会主义民主所作的界说是："社会主义民主——把人看作一种能动的创造物，这是人的类存在的真实性质，由于他在日常实践中必定是能动的，这种实践把人类的劳动对象化，把客观的产品变成由人自己自觉地创造并履行人的有目的活动的对象。社会主义民主是允许客观性的政治体制，它并不违背客观性的固有规律，而成为自觉能动的人在有目的的设计中的一种工具。"因此，他反对把历史的发展看作自发地来源于经济或技术的各种因素。在他看来，客观主义不过是机械唯物主义的另一种听任命运或长官意志的摆布。在卢卡奇看来，从机械唯物主义转向唯意志主义，这正是斯大林主义哲学思想的特点。

2. 社会主义民主是一个历史过程

卢卡奇抨击了对民主的庸俗观念，即认为民主存在于永恒的形式中。他认为民主作为一种社会制度，会不断改变它的形式。社会主义的

民主化是一个延续很长的事业，因为要达到主观与客观的和谐、政治与经济的融合，需要不断地进行调整。他特别说明，在《民主化的进程》中，他不大使用"民主"（democracy）一词，而较多地使用"民主化"（democratization）这一术语，就是由于他不把民主看作一种固定的、静止的东西。民主化要求不断扩展公民对生产管理和政府工作的参与，不断地从经济领域扩展到政治领域和其他社会生活的领域。同时，他把社会主义的民主化设想为希腊城邦制理想和西欧人道主义传统的某种新的结合与继续。

3. 社会主义民主是政治活动与日常生活的融合

卢卡奇认为，在资产阶级社会的背景下，现实的人是按照唯我主义和实利主义的目标发挥作用的，而在社会主义条件下，一种新的社会理想发生了，一个人在日常生活中要使他的社群性得到物质的具体的实现。社会主义的历史目标，就是要结束日常生活的人与作为政治的行动者的分离。社会主义民主要求把邻居、伙伴由作为自身行为的障碍转变为必不可少的共事者和互助者。列宁对群众的自发性并无敌意，并把它看作"自觉性的萌芽状态"。社会主义民主要求把对社会、国家重大问题的关注与日常生活结合起来，使人民成为积极的参与者。这样，就使社会主义事业开拓了一种新的历史眼界、新的人类开端的可能性，使人们相信，革命使得关于人的类存在的合作性质的千年梦想更趋向于实现了。列宁晚期著述的中心，就是在民主与官僚政治之间进行比较与选择，可以说是他在人生最后阶段所认真思考的"怎么办"。但是，列宁晚年为社会主义民主建设所作的构想和准备，实际上在他的后继者那里都消失了。

另外，卢卡奇又觉察到，在现存的社会主义社会里，活跃的、自由的公共意见是存在的，但往往是以隐蔽的形式出现，即不以公开的、正式的形态表述。他把这种隐蔽的公共意见看作现存社会主义走向民主化的重要契机，认为把这种社会力量动员到系统的公共实践中，就是走向社会主义民主化的第一步。

在卢卡奇看来，为了恢复和振兴社会主义的经济，克服和防止官僚主义的危害，就必须完全突破斯大林主义的传统，使群众在日常生活中感受到他们自身的效力。为此，仅仅解除自由发表个人意见的心理—社会障碍是不够的。没有群众的积极参与，没有各种自动的、经常的、非正式的联合，要消除官僚主义是不可能的。所以，卢卡奇强调，社会主义民主化必须与日常生活相结合。没有日常生活中外部世界的重建，就不能实现人的内在转变。不论物质生产是否发展到一个高的水平，只有日常生活不仅成为政治决策的活动范围，而且成为社会存在的基础，共产主义社会才是可以企及的理想目标。

五、马克思主义革新的主要途径在哪里

社会主义的民主化问题，与马克思主义的重建和革新是互相蕴含的。卢卡奇最后谈到马克思主义的重建和革新问题，认为这个问题能否解决，关系到共产主义的生存。对于重建和革新的途径，他主要提到两个方面：

1. 回到马克思的方法

早在《历史与阶级意识》中，针对教条主义的倾向，卢卡奇就开宗明义地强调马克思主义的正统，不在于对某些圣书的注解，而在于它的方法，即辩证法。如今，他认为斯大林主义对马克思主义的曲解，也首先表现在方法上。按照马克思的辩证法，在战略与策略的统一中，战略应当统率策略，而斯大林则搞策略至上；按照马克思的辩证法，社会历史领域的重大事件，是客观必然性与人的自觉能动性的统一，而斯大林则片面夸大必然性，忽视人的地位和作用；在这里，卢卡奇还特别提到，按照马克思的辩证法，历史的过程是连续性与非连续性的统一，而斯大林则完全否认体制、政策变革中的非连续性。卢卡奇指出，列宁"从来不把基本变化和新的方针说成只是以前的倾向的继续和改进。例如，当列宁宣布新经济政策时，他一刻也没有说这是战时共产主义的'发展'或'完成'。他非常坦率地说，战时共产主义是在当时的情况下可以理解的一个错误，新经济政策是改正那个错误和完全改变方针"[①]。斯大林主义却总是力图把政策上的重大变化说成是以前路线的逻辑结果

---

① 《卢卡奇自传》，292～293 页，北京，社会科学文献出版社，1986。

和改进，把全部社会主义历史描述成一种连续不断的、正确的发展，而决不承认非连续性。因此，卢卡奇认为，要真正复兴马克思主义，就必须对长期流行的某些思想、观念进行认真的清理，回到马克思，恢复马克思本来意义的辩证方法。

卢卡奇还指出，回到列宁的方法与回到马克思的方法是完全一致的。因为列宁的方法就是马克思的方法的确切的继续。可是，自列宁发表《帝国主义是资本主义的最高阶段》以来，既没有人对当代资本主义的新的特征作过科学的调查、分析，也没有人对当代社会主义发展的特征作过科学的调查、分析。因此，我们对当今时代的认识是不够的。只有对当代社会主义的特征、社会主义的危机作出马克思主义的分析，才能重新认识社会主义、重新定义社会主义，并建立马克思主义的自觉复兴的原则。

2. 勇于自我批评和自我校正

卢卡奇认为，历史的发展有利于马克思主义的革新和社会主义的重新建设，因为帝国主义世界对社会主义的威胁，比列宁所处的时代是减轻了些。他着眼于内在的力量，认为关键在于恢复和激发内在的活力。马克思主义的革新，就是要使马克思主义从各种曲解的形式中解放出来，进行马克思主义基本理论的重建，这就必然要求马克思主义内部的自我改正和自我更新，不断地进行自我清理和自我批评。这种自我否定虽然是一个比较痛苦的过程，却是革新的必由之路。卢卡奇一生活动的显著特点之一，就是比较勇于自我解剖和自我批评。因此他的理论探索虽然有过重大的失误和曲折，却没有发生衰退和萎缩，而始终保持内在的活力，保持向上、向前的发展。

卢卡奇晚年关于民主化问题的思考，虽然有历史条件和他本人的局限性，但他郑重探索的成果，对于我们发展社会主义民主政治、建设社会主义政治文明仍然值得认真借鉴。

导言　论对《国家与革命》的超越

诺曼·莱文

在马克思主义政治学说史上，捷尔吉·卢卡奇的著作《民主化的进程》[1]开创了一个新的时代。这本书揭开了马克思主义政治学说在当代复兴的序幕。斯大林逝世之后，卢卡奇致力于马克思主义思想的复兴，《民主化的进程》[2]表明了他在政治学说领域对马克思主义原理的重新阐述。然而，卢卡奇在他生命的最后20年里要实现马克思主义理论新生的愿望，将他导向美学和社会现象学（social phenomenology）的领域。

在完成于1963年的《审美特性》[3]一书中，卢卡奇论证了艺术是人类社会历史发展的客观化。对于马丁·海德格尔（Martin Heidegger）和尼古拉·哈特曼（Nicolai Hartmann）[4]的本体论观点，卢卡奇提供了一种马克思主义的回答，他用社会现象学反对他们的唯心主义现象学。不断变化的社会基础，是艺术和所有人类劳动客观化发生的依据。艺术是将日常思想非物化；它是批判的，因为它向大众揭示了在日常现实的表面确定性背后真正起作用的力量。卢卡奇试图超越20世纪30年代马克思主义美学内部关于"艺术作为反映"的论战，把60年代马克思主义美学建立在社会本体论的基础之上。

在《社会存在本体论》[5]一书中，卢卡奇继续思考人类客观化的社会根源。1964年他开始认真地撰写这本书，1968年完稿、排版，但没有重写或进行加工，因而这本书带有不完善的痕迹。《社会存在本体论》展开评论了人类实践、目的性活动的基本性质。这本书是一种思辨的社

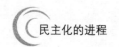

会学，是对社会发展中人类劳动如何成为生成力量作出现象学解释的一种尝试。

在《民主化的进程》中，这些现象学的研究扩展到了政治的领域。卢卡奇涉足社会本体论时，可能是把美学、社会存在本体论和政治学看作一个宏伟事业的三种表述，这个事业就是要对人类社会存在提供整体的见解。在《民主化的进程》中，卢卡奇依据市民社会、类存在和人的目的性活动的概念，试图建立一种马克思主义政治学说的先决条件。卢卡奇的著作最终表述了斯大林主义的布尔什维主义（Stalinist bolshevism）[6]是马克思主义的一种变形。《民主化的进程》是对马克思主义政治学说和斯大林主义的布尔什维主义作出区分的一种努力。这是一本持异议的著作，一种"列宁主义反对派"（Leninist opposition）的表述，它认为马克思主义不能归结为斯大林主义，马克思主义是对斯大林主义的驳斥。

在这本书里，卢卡奇超越了传统马克思主义关于政治的定义，对表述在列宁的《国家与革命》中的恩格斯列宁式的国家观念提出了批评。如果说，《国家与革命》展现了1917年革命布尔什维主义乌托邦式的前景，那么，卢卡奇的《民主化的进程》则指出了《国家与革命》已过时，并且以实例阐明了斯大林死后开始的马克思主义的革新。看起来，《民主化的进程》本质上是不同于《国家与革命》的。有鉴于列宁试图把政治学归入行政管理，卢卡奇则把马克思主义传统的政治学与行政管理和经济学区分开来。卢卡奇的著作开始了马克思主义政治学说的再度政治化。

《民主化的进程》是一本未完成的著作，应当把它看作对马克思主义政治学说的一种构想。它草拟了一些有关马克思主义政治学说的基本原则。随着1968年8月由亚历山大·杜布切克（Alexander Dubcek）领导的捷克斯洛伐克改革运动被苏联镇压，11月到12月卢卡奇承受了巨大压力匆匆撰稿。[7]然而一想到它作为一本真正的科学著作来说过于简短，而作为一种好的概括来说又太重科学性了，卢卡奇便不满意，打算把手稿扩展成他准备写的伦理学著作中的一章。[8]全部手稿于1985年在德国由布达佩斯卢卡奇档案馆馆长拉兹洛·西克来（László Sziklai）博士出版。我们的这个版本是第一个英文译本。

就它的政治背景而言，《民主化的进程》应该被看作支持杜布切克的捷克斯洛伐克马克思主义革新的一种声明。卢卡奇在 1956 年的匈牙利革命中起过积极作用，又当过伊姆雷·纳吉（Imre Nagy）政府的文化部部长。他在逃往南斯拉夫大使馆时被苏联人逮捕，那时苏联人镇压了匈牙利革命。卢卡奇被流放到罗马尼亚大约六个月。卢卡奇是东欧改革运动的支持者，1956 年匈牙利和 1968 年捷克斯洛伐克的思想充斥在这本书里。《民主化的进程》是对从布达佩斯延续到布拉格的改革运动的一种理解，是对斯大林主义统治持异议的一种哲学的辩护。虽然 1956 年和 1968 年社会主义的这种进步的复兴被苏联人压制了，但它于 1981 年在波兰、1987—1988 年在匈牙利又爆发出来了，并且在戈尔巴乔夫领导下的莫斯科也已经显露出这种复兴。卢卡奇在 1968 年写《民主化的进程》时，回顾了杜布切克的夭折了的马克思主义的复兴，对失败作出了一种党性的估价，但从今天看，这本书又成为波兰、匈牙利事件和莫斯科的一种预言。一种连贯的思想支持了从裴多菲俱乐部到莫斯科的改革运动。《民主化的进程》描述了一幅判断戈尔巴乔夫政策具有预见性的蓝图。

　　费伦克·费赫尔和阿格尼丝·赫勒的《重访匈牙利 1956》[9] 一书中，对流行于匈牙利的众多的改革流派作了很有见地的分析。费赫尔和赫勒写到他们的老师捷尔吉·卢卡奇时说："反对派的'革新'马克思主义——其最伟大的人物毫无疑问是捷尔吉·卢卡奇——更为无情地说明了这个群体的特征。又是卢卡奇（也许并非偶然，在裴多菲俱乐部内部准备 1956 年匈牙利革命论坛）提出了'马克思主义复兴'的纲领。"[10] 但是，一场改革运动有许多分支，为了明确卢卡奇在这个改革运动中的地位，就必须给他以更为精确的规定。费赫尔和赫勒在写到匈牙利革命的不同阵营时，又正适应了我们的要求，他们说："其次是卢卡奇，这个不一贯的布尔什维克，一个对成为真正的布尔什维克怀着诚挚信念的人；恰恰由于他的不一贯性，使其能够成为 1956 年革命的捍卫者……这若严格地以布尔什维克为前提来看，根本站不住脚。"[11] 就我看来，卢卡奇是反对斯大林主义的"列宁主义反对派"的一分子，在 1956 年的匈牙利革命中，他是一个不持极端观点的温和主义者。所谓"列宁主义反对派"，我是指一种政治改革运动，它不要求政治上的多元主义或市场经济，也不要求匈牙利退出华沙条约组织，而是把列宁主义传统本身看作提供了改造斯大林主义的可能性，并且特别把苏联在

1921 年实行的新经济政策看作这样一种共产主义改革的基础。比卢卡奇更左倾的是匈牙利革命的更为激进的民主派，它提倡政治的多元主义和市场经济，主张退出华沙条约组织而回到匈牙利的"芬兰化"（Finlandization），它的代表人物是人伊姆雷·纳吉。温和的列宁主义反对派和激进的民主左派（自由主义者）之间的主要的理论差别是，卢卡奇从来不寻求越出列宁主义的布尔什维主义，而是希望使之复活，而纳吉则"已经超越了布尔什维主义"[12]。虽然卢卡奇超越了《国家与革命》，但他从未超越列宁本身。阿格尼丝·赫勒认为，他对列宁的忠诚，是一个致命的缺陷。[13]在自传性的概述[14]中，卢卡奇说明自己与纳吉的激进民主派不同，他参加政府是"为了帮助它"[15]，而不是出于深切信奉其政策。卢卡奇不希望匈牙利退出华沙条约组织，在政府中投票反对那个退出的议案[16]，反对充分引进市场经济，因为在他看来，"相信这类市场因素能够沿着正确的民主途径引导社会主义生产，乃是一种幻想"[17]。

尽管列宁主义反对派和激进的民主左派之间还有其他种种差别，所有的政党都同意恢复苏维埃、工人运动和劳动者自我管理（南斯拉夫模式）的活力，这三方面的需要形成了巨大的潮流，推动了东欧和苏联的改革运动向前发展。以共产党是劳动者阶级专政的统治工具这一思想为基础，米洛万·吉拉斯（Milan Djilas）在《新阶级》（*The New Class*）一书中首次提出一种观点：所有改革阵营都同意必须授予工人阶级政治上的权力，政党—国家对社会生活的控制必须被打破。

在讨论卢卡奇关于马克思主义政治学说的课题时，我选用了"政治学说"而不是"国家学说"的表述，因为"政治学说"是一种更有包容性的术语。[18]我使用与"政治的学说"（political theory）意义相当的"政治学说"（theory of politics），就是要研究统治的起源、构成、制度和性质。国家学说是政治学说的一部分，因为它主要与统治的制度相关。政治学说是先于国家问题的，因为它确定了使得国家存在的那些条件。政治学说不能归结为国家问题。形成政治等同于国家的这种智力方程式，是对政治定义的损害，因为它只是把政治局限于制度，而忽略了社会决策方式中的全部问题。对于社会所必需的决策形成过程的议定问题来说，国家问题是居次要地位的。

政治学说是 19 世纪和 20 世纪马克思主义世界观中的"黑洞"。概而言之，这里并非讨论卡尔·马克思本人思想中或第二国际时期政治学说的地方。马克思自1850年移居英国之后，便为经济问题所吸引，直到去世他的兴趣都集中在这个方面。马克思首先沉浸于古典经济学，然后是经济人类学，这使他根本没有时间来实现他在1844年所表达的写作一本关于国家哲学的书的愿望。[19]马克思的政治学说的核心，不同于革命策略的学说，主要表述于以下七部论著中：《黑格尔法哲学批判》、《论犹太人问题》、《路易·波拿巴的雾月十八日》、《1848年至1850年的法兰西阶级斗争》、《法兰西内战》、《哥达纲领批判》、《巴枯宁〈国家制度和无政府状态〉一书摘要》。但这些著作并没有对他所指的政治、国家或共产主义社会作出详细的描述。关于政治哲学、政治学说以及国家学说的这些基本问题的特征，马克思给后代留下了致命的空白。这种政治学说上的空白，是一种严重的损失，因为自1917年俄国革命建立共产主义社会制度之后，就没有一种有助于建设共产主义国家的规范的指导路线。革命策略容易用来代替政治学说。在19世纪和20世纪社会主义思想的发展过程中，这种政治学说的空白是一个黑洞。

马克思主义的政治学说遭受了一种语言上的衰退，因为在政治学说的空白中，国家概念与政治概念合并起来了。在第二国际的普遍思潮中，特别是在《国家与革命》中，混同了三个术语：国家、无政府状态和政治。在从第二国际到1917年这一时期，马克思主义的政治逻辑采取了以下形式：马克思要求"国家的消亡"（withering away of the state），这意味着共产主义等同于无政府主义。共产主义是一个不存在国家的社会，在这里不需要政治。国家与政治在术语上的混淆[20]，政治与国家的等同创立了一种语言上的逻辑，其中"无国家"直接翻译成"无政治"[21]。

我把术语"列宁主义"和"第二国际的马克思主义"用作同义语。当然，我了解存在于列宁和第二国际之间的重大差别，这种差别最终使第二国际破产，导致列宁建立第三国际。我不大关注列宁与第二国际的马克思主义之间的分歧，而关注二者共同的思想，这些思想之一就涉及马克思主义的政治学说。当我设想列宁与第二国际之间的统一时，我是在限定的基础上，即只局限于马克思主义政治学说的问题。然而，当我涉及马克思本人时，我设想他的政治学说是与列宁和第二国际对立的。我使用的术语中，马克思主义与第二国际的马克思主义是对立的。从马克思到第二国际的转变时期，马克思的马克思主义不

见了。为列宁所吸收的第二国际的马克思主义歪曲了马克思的马克思主义政治学说。

第二国际的马克思主义坚持一种阶级性的还原论的国家观。第二国际的学说把国家简单地定义为阶级压迫的工具，在马克思主义的思想中显现出一种无政府主义的倾向。恩格斯的《家庭、私有制和国家的起源》是国家作为统治工具的命题的经典表述，列宁的《国家与革命》对马克思主义的国家学说作出了最清楚的分析。我相信马克思与恩格斯在一系列问题上有重大分歧，恩格斯的国家学说在许多重要方面背离了马克思的国家学说。当列宁断定恩格斯的著作表述了马克思的论国家的思想时，他判断失误。《家庭、私有制和国家的起源》是恩格斯的代表作，但是列宁没有以历史的眼光认识到在这个问题上恩格斯的观点与马克思的观点有分歧。第二国际时期，国家被定义为统治阶级手里的武器，表明在这个问题上马克思主义者把他们的政治学说与无政府主义的主张区别开来。马克思主义和无政府主义都认为国家最终会消失，自由只能在国家消亡的条件下才能实现。因此，马克思主义与无政府主义在政治学说的终结、达到无国家的社会上是一致的，如果说它们有不同的话，只是手段上不一致。在列宁看来，差别是手段之一，是国家消亡的时间问题。巴枯宁认为国家应在革命成功时即刻消亡，而列宁认为资产阶级国家会通过无产阶级革命立即被消灭，但被另一种国家，即无产阶级国家所代替，并且这第二种国家将会"消亡"。[22]

按照第二国际的学说，由于国家只是阶级统治的一种暴力工具，阶级的消灭与国家的消亡同步。第二国际的逻辑语法从阶级还原论拓展到财产还原论。[23]阶级只是一个可以还原到生产资料所有制的经济范畴，如果阶级的消灭会根除国家存在的原因，那么私有财产的消灭就会根除阶级存在的原因。共产主义社会没有私有财产，所以也就不存在阶级国家和政治。

重要的是要了解马克思在两种意义上规定"财产"一词：个人财产和生产资料。对于个人财产，马克思是指那些私人所有、不创造社会财富的东西，诸如衣服、家具、化妆品等；对于生产资料，马克思是指那些私人所有，但创造社会财富的东西，诸如油井、煤矿、钢铁厂等。马克思探讨私有财产问题的决定性方面，是与对整个社会价值作出贡献的财产相关的。从这个观点来看，当马克思要求消灭财产时，他不是要求消灭衣服或化妆品之类的私有财产，而是要求消灭生产资料即钢铁厂和煤矿的私人占有。

依照马克思主义的历史学说，无产阶级革命会推翻资产阶级国家而建立一个无产阶级国家，即革命过程中叫作社会主义的一个阶段，无产阶级国家最终会消亡而进入共产主义的更高阶段，这里不存在财产、阶级、国家，没有政治。共产主义的胜利留下了这个新社会如何管理或统治的问题。对于共产主义社会的适当管理，出现过两种模式：生产主义（productivist）和平均主义。在这两种模式中，政治都被归入经济和行政管理。

除了国家的观念以外，政治这个术语还是社会决策形成的协议、社会资源或权力分配的程序。在这个意义上，政治是出自社会、个人或集团利益的一种程序，其目的在于裁决这些利益。政治的术语的这种含义，是19世纪马克思主义政治学说在语言上衰退的牺牲品。当政治的含义被限于国家范围内，马克思主义的政治学说就不再把政治看作协调个人或集团利益而达成一致的形式。由于这种术语学上的限制，当共产主义被确定为没有政治时，它意味着一个共产主义社会是不需要为裁决利益冲突而建立契约的。

政治作为裁决的含义之所以被删去，是因为第二国际的马克思主义认为共产主义是一种没有冲突的社会。弗里德里希·恩格斯、卡尔·考茨基和弗拉基米尔·列宁的马克思主义停留于设想一切社会冲突都源于私有财产和以私有财产为基础的阶级斗争。阶级的财产还原的定义意味着财产的消灭就去掉了一切社会对抗的主要原因。共产主义开创了社会和谐的一个新阶段，作为裁决的政治就没有存在的必要了。因为共产主义显示了自我利益的消灭，它也就超越了政治。

在为管理共产主义社会形成的生产主义模式里，利益在需要中衰落了。生产主义模式的建立基于一个观点，即把人看作经济的需要和受资本主义的激励，因为它把人看作为满足需要而被驱使去消费的。消费—需要平衡的观点还认为，自我利益或不满足产生于没被满足的需要。19世纪的共产主义思想建立在一种满足的公式上：整体的满足就是没有自我利益，而不完全的满足招致利己主义和冲突的发生。

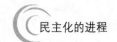

这些设想是具有资本主义特征的,因为它们把人描述为基本上受满足消费需要的欲望所驱使。19世纪第二国际关于共产主义的观点基于对人的资本主义式的解释。有讽刺意味的是,19世纪的社会主义主张资本主义的人只能在共产主义社会里方能被形塑而成,共产主义是资本主义使命的完成。把消费—需要平衡作为共产主义的基础,满足需要和克服自我利益,主要有两种方式:生产主义的范式[24]和平均主义的范式。平均主义的范式又分为经济的平均主义和行政—管理的平均主义。

生产主义的范式和平均主义的范式

不足(scarcity)是自我利益之母。马克思主义的社会主义是19世纪经济发展阶段的产物,当时不可能生产足够的东西来满足最基本的需要。面对经济不足的状况,第二国际的马克思主义确立在平均分配或满足需要的模式上。20世纪下半叶的西方世界由于技术进步,其社会主义思想便发生了变化。工业生产满足了最基本的需要,不足的问题至少在理论上解决了,因而人们的注意力便转移到其他方面。

为了实现共产主义,就必须克服不足。对不足的否定只能通过生产主义的范式实现:共产主义应当预想为释放社会上尚未利用的生产潜能,创造经济上的丰饶。因为有足够的商品来平等分配,经济上的丰饶便导致需要的满足。基于技术奇迹的科学虚构的偶像化和未来经济的丰饶,生产主义的模式是共产主义社会的一种前提。

生产主义的主题也导致共产主义的资本主义化。提出共产主义社会高于资本主义,是因为它被证明为更富于生产性。资产阶级欲图获得最大限度的利润,导致限制生产,这表明资本主义是非生产性的,而共产主义把现代技术转变为无限的生产力,则表明它是一种经济上的解放力量。

经济的平均主义

平均主义的公式基于设想冲突发生于两个来源:(1)未满足的需要产生的自我利益;(2)私人占有的差异导致分配不平等,产生戒备和忌妒——自我利益的两种形式。为了克服社会冲突的这两个来源，经济的平均主义的范式提供了两种补救办法：分配的平均化和消费的平均化。

平等分配的学说停留在需要的相应性学说上：如果需要平等了，就不会有戒备或忌妒。需要是侵略之母，经济的范式相信，按照善良的行为主义方式，需要是可计量的。经济的范式在理论上是机械主义的，因为如果需要可计量的话，那么为了满足需要而计算分配的量就是可能的。未满足的需要这个问题，也能够用消费的平均化来对付，因为如果人们有平等的收入，或平等地接近社会所生产的商品，他们就能获得平等的消费。对自我利益（社会冲突的首要原因）的克服，可以通过满足需要来达到。经济平均主义是社会协调发生的条件，因为经济需要的消除是克服社会不协调的条件。

行政—管理的平均主义

有鉴于生产主义模式讲到物质需要的问题，行政的范式则多半涉及人的才能问题。生产主义的范式面对人的物质需要，而行政的范式则遇到有关技艺和能力的问题。

没有发明必要的词汇，第二国际的马克思主义只是把社会冲突的一个来源置于经济之外。为管理共产主义社会而提出行政的模式时，第二国际的马克思主义心照不宣地承认，财产的悬殊不是阶级或社会冲突的唯一来源。这种新的来源就是人的才能的差异，这种差异隐含于马克思的《哥达纲领批判》的一句话中："各尽所能，按需分配！"因为才能是分层次的，控制社会的不仅仅是经济，有着重大才能的人会发现自己控制着大量制度上的权力。然而思索一下便会发现，一种需要的平均主义是可能实现的，而想象一种才能的平均主义则是不太可能实现的。当具有重大才能的人发现自己大权在握时（资产阶级社会需要他们的技艺，因而资产阶级也愿意容忍他们控制权力），行政的模式就注定要面对那些由此而产生的社会冲突。行政的模式提出职业领导权（occupational hegemony）的问题。

需要与才能是有差别的，因为有可能使需要平等，而不可能使才能平等。经济的平均主义满足需要，但不存在才能的平均主义。问题的解决只能在职业的平均化中而不是在才能的平均化中。不同等的人可以完

成同等的工作，按照这种方式，以制度或行业的权威为基础的统治就会消除。尽管人们的技能有好坏的差别，但完成的工作又是同等的，这样，就不需要谋求更多制度上的权力来取得不同于别人的行业地位。缺乏才能上的平均主义，并不意味着不能有职能上的平均主义，即依据职能自身性质而定的平均主义。才能的层次化并不必然地承担制度或行政权力上的层次分别。

列宁在《国家与革命》中对才能层次化提出了一种解决办法，他提到的这种解决办法是"计算和监督"（accounting and control）。他的公式是：才能层次化不可避免，但我们必须使大多数工作所要求的职能平等，这样每个人（不管有才能的统治集团怎样）就都能完成工作。"计算与监督"这个短语与职能的平等化同义，在《国家与革命》中，列宁简单地说明了怎样获得这种平等。在泰勒科学管理理论的影响下，列宁认为有可能把工作简化成最简单的小职能（subfunction），以便这些小职能可以由最大多数人来行使，而不管他们的才能层次如何。在这种从复杂工作到简单职能的简化中，列宁采取了一种数学—行为的（mathematical-behavioral）方法。在《国家与革命》中，当列宁试图描述共产主义经济的管理时，他使用了邮局的比喻，在这个比喻中，"计算与监督"这个短语便相当称心地唤起秘书和基本计算的技能。管理的模式承认才能的淡化，但这是在承认职能的平均主义的基础上。经济的范式以经济的平均主义为基础，而管理的范式则以职能的平均主义为基础。在第二国际的马克思主义内部，平均主义是达到社会协调的途径，而社会协调只能以无差别为条件。

当工作职能缩减为计算和适应性技能时，职业就会民主化。基于才能分层的职业精英不复存在。随着工作的民主化，因官僚独裁主义而产生的社会冲突就不复存在。才能方面的贵族式的工作垄断一旦被打破，权力的行政垄断就衰落了。工作领域不再由一种行业的独裁主义统治，而是一种职能的平均主义。当工作领域是独裁主义的世界时，社会冲突就存在；当工作领域变成一种职能的平均主义时，冲突就不复存在了：像经济的平均主义一样，职能的平均主义也产生和谐。

管理的范式不是针对消费，而是针对社会职能的领域、教育权限的领域。管理的范式不是针对经济的领域，而是针对制度上的官僚主义的领域。即便在制度上的官僚主义这一领域里，冲突和斗争的结束也意味着政治的消亡。以职能的平均主义为中介，结束制度上的官僚主义统治中的冲突推动了政治的灭亡。

行政的范式也替代了政治。在第二国际的马克思主义内部，政治学说非政治化了。共产主义社会不被看作一种政治社会，而被看作经济丰饶的实行社会平均主义的社会。冲突的不复存在终止了政治的需要，共产主义学说不再成为政治学说。

马克思自己并不提倡通过平均主义的经济和行政而获得政治上的先发制人。第二国际的全部过失不能直接归源于马克思个人，马克思主义理论的黑洞，是由于缺少政治学说。虽然马克思的观念不成体系，我们仍然可以从中引出一个马克思主义的政治学说大纲，而这种重构的大纲表明，他并不用为过分简单的平均主义的经济和行政的梦想承担责任。马克思主义的政治学说并不是第二国际的政治学说。然而，马克思留下了一个理论的空白，在这个智力真空中，倾注了第二国际的全部曲解。马克思留下了一个术语上的空白，第二国际在这里填满了它自己的误解。

尽管马克思无力完成他的国家学说，但他把一个必不可少的观念系统传给了马克思主义的政治思辨：市民社会、类存在和国家之间的差别。马克思首先在《1844年经济学哲学手稿》中讨论了市民社会的观念。在马克思的成熟著作中，这种观念略有改变，特别是在1857—1858年的《政治经济学批判大纲》和19世纪70年代的《人类学笔记》中。但是在这些著作里，差异不在市民社会和国家之间，而在经济基础和国家之间。马克思把社会和资产阶级国家看作对立的，因为国家不能独立存在，而总是一种社会结构的异化的反映。

在马克思那里，市民社会这一术语意味着诸如社会、经济、家庭、教育和宗教各方面人类活动的集合。马克思指出独立于社会权力活动之外存在一类活动，他把这种活动的复合物称为市民社会。人类状态的社会本来是民主的，因为它是全体人民的日常活动在社会决策形成过程中得到表达的一种条件。在资本主义制度下，社会被剥夺了全部政治权力，在资产阶级统治下，社会非政治化了。

"市民社会"与人类的社会生活相关，而"类存在"则与人类的人类学性质相关。市民社会与类存在这两个术语是不同的，因为前者涉及被社会用来重现自身的习俗和制度，而后者则涉及人类的心理生理学遗传。马克思熟悉亚当·斯密和亚当·弗格森（Adam Ferguson）的著作中市民社会的观念，二人是苏格兰启蒙运动（Scottish Enlightenment）的领导成员；马克思从路德维希·费尔巴哈和黑格尔的著作中学习了类存在的概念。在《1844 年经济学哲学手稿》中出现的关于人的见解综合了 18 世纪启蒙运动关于市民社会的观点和费尔巴哈从类存在观念所引申的人本主义—自然主义。不管这些术语之间有着怎样的差别，马克思仍用它们来表达同一意义，即它们都是与国家相对立的两极。在本篇"导言"的余下部分，我将在这些词的共同意义上，把它们看作国家的对立而加以应用，但同时认识到市民社会的社会学内容不同于类存在的人类学内容。

国家属于权力范围。国家反映一个社会的社会结构，但又有一种独立于它们所反映的社会的存在。社会是国家的前提，而国家只是社会的一种反映。在资本主义制度下，国家垄断了政治权力。因为国家是统治阶级的执行委员会，它是一切政治权威的贮藏所。

第二国际合并了国家和一切政治权威。由于它把政治的意义消解在国家的标题内，要求国家消亡，也就必然需要结束政治。马克思本人并未沦为这种语言衰退的受害者。当马克思要求推翻国家时，他确实意指国家的非政治化和社会的重新政治化。特别是在一种先进的工业社会，马克思意识到为达成社会决议而一致商定的程序必不可少。马克思不是一个无政府主义者，因为他相信，审决社会争端和统治的程序是理所当然的。马克思不要求政治消亡，只要求改变政治的地位。马克思为自己设定的计划，是发现一种使社会政治化的途径，使社会制度带有政治权力。在马克思看来，民主意味着实际的社会实践和想象的社会规范相一致。马克思的事业就是重新定义民主这一术语，使从有产阶级到上流社会掌握的政治权力所依赖的基础各归其位。按照这条途径，人类的日常活动与由政治权力建立的行为规则之间不能有什么差别。

列宁于 1917 年 7 月所写的《国家与革命》是对第二国际的错误和马克思改变政治学说方向的尝试的一种综合。《国家与革命》是第二国际的经济和管理的平均主义与马克思重新确定民主的性质和社会来源的设想的一种混合物。由于卢卡奇的《民主化的进程》超越了《国家与革命》，对列宁的课题的讨论，将会提供某种时代背景，反对把卢卡奇的著作仅仅视为扩展了的政治著作。我概括了三个主题来讨论《国家与革命》：（1）作为对无政府主义和机会主义的回应；（2）作为对国家发展史的编撰，即将资产阶级国家视为阶级性国家而把社会主义、共产主义国家视为无阶级的国家；（3）对政治理论的去政治化。

作为对无政府主义和机会主义的回应

马克思主义的政府学说与无政府主义总有一种好恶相克的关系。马克思主义赞同无政府主义关于国家将不再存在的观点。如果说马克思主义与无政府主义具有一种最终目的的相同见解，那么马克思主义与无政府主义之间的差别必须加以断定和说明。由于目的相同，差别只能产生于手段上。无政府主义认为国家消亡于革命成功之日，而马克思主义则相信政治革命首先摧毁资产阶级国家，然后代之以无产阶级国家。最后，无产阶级国家消亡之日才是国家终结之时。

更重要的是，无政府主义相信"人民"的内在统一和有机和谐。无政府主义断言，人类的自然状态是一种互相合作的状态。权力（国家是它的典型的证明）破坏了人类的自然合作，因此，权力的根除意味着合作社会的再现。由于无政府主义的主要敌人是权力，所以它断定一种权力（资产阶级的）不应该被另一种权力（无产阶级的）代替。权力是一种独特的罪恶，因此必须一下子全部摧毁掉。

马克思主义认为社会是分成阶级的。马克思主义以阶级斗争为基础提出社会冲突的解释。马克思主义并不反对权力本身，而是反对财产，反对阶级。根除权力自身不能消除社会冲突，而根除阶级则能消灭阶级斗争。马克思主义的首要目的不在国家，而在财产和阶级，因为国家只是财产和阶级的一种职能。无政府主义的首要目标是国家，因为它是权力的最高例证。对马克思主义来说，为了镇压资产阶级的反革命，无产阶级的阶级统治必须一开始就取代资产阶级的阶级统治。一般而言，只有在无产阶级消除了作为一个阶级的资产阶级而成为大众化的阶级之后，阶级制度才会发生更迭。

正如《国家与革命》攻击那些马克思主义左派，它也指责那些右派，反对所谓机会主义的所有论调。在列宁看来，机会主义这个短语所

描绘的那种人，就是放弃消灭资产阶级和资本主义制度的希望，因而不再是马克思主义者。《国家与革命》是对卡尔·考茨基公开发射的炮弹之一，而在《无产阶级革命和叛徒考茨基》[25]这本小册子里，则继续进行了更加猛烈的攻击。

机会主义仍然忠实于议会制度。在列宁和布尔什维克于1918年12月解散立宪会议之后不久，1919年初，考茨基写了《无产阶级专政》[26]一书，主张坚持议会制度，坚持一种间接代表的制度。在考茨基看来，共产主义并不意味着寻求政府的可供选择的无产阶级形式。考茨基仍然致力于由资产阶级——议会主义——所完善的政府形式，把共产主义确定为一种议会制度，在这种制度中，由于选举制度的民主化，工人将居支配地位。考茨基在描述共产主义时，并不按照无国家或无政府主义的方式思考，他把共产主义看作已推行普选权的一种社会，而由于无产阶级占人口的大多数，议会中的大多数成员是工业工人阶级，这种投票就会在议会中表达无产阶级自己。

在列宁看来，任何维护资产阶级制度的企图，都无异于放弃无产阶级革命。列宁在马克思主义政治学说领域里的探索，是为了发现资产阶级思想和制度的替换物。列宁主义的事业可以概括为寻求一种国家的替换形式、一种民主的替换形式。列宁在这个事业上的失败并不意味着事业本身是不必要或无意义的。列宁着手探索的基础是，无产阶级的政治学说必须从无产阶级的原则出发。列宁的事业要求发现无产阶级的原则，以区别于所有以前资产阶级贵族的或宗教的政治学说的形式。社会中的革命不仅要求一种革命的战略，而且要求一种无产阶级政治学说原理中的革命。

作为对国家发展史的编撰

按照马克思主义的传统解释，共产主义革命的范式会经过以下三个阶段：（1）资产阶级国家的推翻；（2）无产阶级国家的建立；（3）"无产阶级国家的消亡"和共产主义的到来。《国家与革命》再次肯定了马克思主义革命发展过程的三个阶段：它重申了传统马克思主义对国家发展史的编撰。

资产阶级国家的推翻

按照列宁的观点，资产阶级国家只不过是有产阶级手里的一种镇压的工具。弗里德里希·恩格斯的《家庭、私有制和国家的起源》是他的国家定义的最重要的来源之一。列宁使一种阶级—财产还原主义的观点永恒化。议会制度仅仅是资产阶级的阶级统治的一种伪装，它把政治权力置于财产的配置上。资产阶级国家，像贵族的或牧师的国家一样，奉行着财富的阶级支配。

在《国家与革命》中，列宁继续了表述第二国际的马克思主义政治学说特征的那种语言上的衰退。列宁使国家和政治一类的词萎缩了，把它们看作同义的。当列宁要求国家的终结时，由于政治一词完全为国家一词所代替，他同时就要求一种无政府主义社会。

《国家与革命》也没有提及国家与市民社会之间的差别。列宁的著作没有提及马克思的《论犹太人问题》，在这本书里，马克思描述了国家与社会之间的分离。列宁 1917 年 7 月的著作里未曾提及《论犹太人问题》这一现象是很有趣的，因为他知道马克思的这部著作，并且在其 19 世纪 90 年代的著作中提到过它。[27] 早期的列宁，19 世纪 90 年代的年轻革命者，关注俄国资本主义的到来，关注根本改变农业社会，代之以工业化社会。这表述在他的著作《俄国资本主义的发展》（1899）中，所以那时国家与社会分离的问题，对他来说是更为明显的。成熟的列宁，成熟的革命者，计议着 1917 年的起义运动，更加注意权力和强制的问题，因此在 1917 年没有注意到国家与市民社会的对立问题，而是沉浸在策略问题中。《国家与革命》没有提及国家与市民社会的对立，这意味着列宁不能挑选社会政治化这一符合逻辑的选项。对 1917 年的列宁来说，社会作为一个独立的统一体还不存在，所以它还不能被政治化。国家变成了唯一的政治中心，因此它的消灭也是非政治化的一个环节。

无产阶级国家的建立

在无产阶级革命的进程中，资产阶级国家会被消灭，代之以无产阶级国家。列宁感到他把握了马克思的意图，他把巴黎公社看作无产阶级国家的模式。列宁不在资产阶级的历史中，而在革命历史之内寻求一种无产阶级国家赖以奠基的模式。公社国家相当于社会主义的阶段。公社国家是从资本主义向共产主义过渡的中点。

在列宁看来，巴黎公社代表了无产阶级民主，因为其中以阶级（财产）为基础的政治制度被消灭了。无产阶级民主推动了民主的进展，超越了资产阶级民主阶段。资产阶级民主与无产阶级民主之间的差别，是代议制民主与直接民主之间的差别。

资产阶级共和国具有职业性的军队和警察。官方的军队和警察是由通常自有产阶级中产生的官吏集团来领导的，在资产阶级共和国内，同样的阶级既统治着国家，又在军队和警察中占据统治地位。列宁希望取消职业性的军队和警察，而用一种以武装公民为基础的民兵和法律执行机构来代替。在列宁看来，军事防御和法律实施的社会职能应当直接由人民自己来实现。[28]

列宁为公社国家、无产阶级国家而提倡的民主化进程，拓展到取消职业性的军队和警察之外，包括把直接民主运用到政府多个部门。列宁写道："由此可见，公社用来代替被打碎的国家机器的，似乎'仅仅'是更完全的民主：……一切公职人员完全由选举产生并完全可以撤换。"[29]这就是说，比如，司法人员不再是被任命，而是在普遍投票的基础上选举产生。列宁对官僚政治保持戒心，因为在沙皇制度下他亲身体验到，官僚政治简直就是罗曼诺夫王朝实行压迫的一个工具。[30]为了保证对人民负责，他要求作出决定，把直接的民主、选举和撤换的原则拓展到政府的行政部门。列宁的民主平均主义的另一个例证是，他要求政府公职人员领取相当于工人工资的薪金。薪金平均主义就是收入平均主义的另一种形式。在官僚主义与产业工人劳动的关系问题上，列宁涉及职业分层的脑力劳动与体力劳动、熟练劳动与非熟练劳动之间的差别，他要求通过工资平均主义制度克服可能存在于职业分层中的任何霸权。

在无产阶级国家中，不再存在议会制度。在公社国家、无产阶级专政时期，代表制会保留下来，但资产阶级代表制度、议会制度的方法，将会改变。无产阶级国家的代表制形式，被概括为两个特征：（1）公社国家代表制不使立法职能和行政职能分开，资产阶级议会制度是使这两种职能分开的，列宁要求："把代表机构由清谈馆变为'工作'机构。'公社不应当是议会式的，而应当是工作的机构，兼管行政和立法的机构。'"[31]列宁要求通过这种转变来克服资产阶级的分离。（2）无产阶级国家是由苏维埃统治的。在无产阶级国家里，列宁仍然保留代表制的观念，但代表制的机构变了，因为它不再通过议会来代表，而通过苏维埃来代表。

> 说资产阶级思想家……替资本主义进行自私的辩护，正是因为他们一味争论和空谈遥远的未来，而**不谈目前**政治上的迫切问题：剥夺资本家，把**全体**公民变为**一个**大"辛迪加"即整个国家的工作者和职员，并使这整个辛迪加的全部工作完全服从真正民主的国家，即**工兵代表苏维埃国家**。[32]

列宁寻求一种可供选择的国家和民主的形式，引导他超越它们的资产阶级形式。列宁创造了一个无产阶级国家和一种无产阶级民主的形式，无产阶级专政是工兵代表苏维埃的统治形式，是直接民主的委员会。[33]

"无产阶级国家的消亡"和共产主义的到来

列宁再度肯定马克思关于无产阶级革命的三个阶段的观点，同时在描述共产主义的高级阶段时完善了这种观点本身。在第二阶段，在无产阶级国家时期，议会制度消失了，而在共产主义的高级阶段，代表制和民主二者都消失了。《国家与革命》以无政府主义结束，而列宁主义的政治学说也不再存在了。

术语"国家的消亡"的含义，就是要使部分居民逐渐适应"无阶级"、"无国家"、"无政治"的状况。无产阶级专政[34]逐渐消亡，因为人民需要学习无政治时如何行动。共产主义的实现，不是一种革命的废除，而是人们行为逐渐改变的一个缓慢过程。

《国家与革命》不是极权主义政府的蓝图，因为不仅国家和苏维埃逐渐消亡，政党也如此。和《国家与革命》的民主意愿相一致，列宁在描述共产主义的高级阶段时，描绘了一种没有共产党的社会。[35]

对政治理论的去政治化

《国家与革命》既是结局又是诺言。它是结局，因为它结束了马克

思主义的政治学说，表述了在共产主义条件下，政治学说没必要存在下去。《国家与革命》继承了马克思主义的无政府主义传统。它妨碍了马克思主义思考国家问题，因为共产主义社会不会有国家。《国家与革命》把马克思主义与革命策略相结合，因而不是一种政治学说。从政治思想的观点看，马克思主义变成致力于研究革命策略的层次、国家毁坏的层次，而不是深思国家或政治建设的问题。

《国家与革命》是诺言，因为它的基本命题之一是民主的历史。《国家与革命》是未实现的诺言，因为它不仅叙述了民主的历史，而且给予民主一个走向结束所需要的时间期限。列宁的著作不是反民主的或极权主义的。在共产主义的高级阶段里，民主连同各种形式的政治走向结束，不是由于列宁缺乏对民主的正确评价，而是因为列宁设想引起政治上层建筑的社会基础将走向结束。[36]

运用马克思主义的社会分析方法，列宁设想每一种政治形式显示了一种根本的社会结构：政治是社会基础的上层建筑。在无产阶级国家消亡之前，阶级是社会基础的基本决定因素，随着资本主义的到来，民主成为政治形式，阶级冲突是通过它以有利于资产阶级的方式而磋商解决的。冲突可还原为阶级的相等因素，也在它内部带来可供选择的相等因素，即阶级的消灭同时就是冲突的消灭和政治的结束。[37]

阶级斗争在无产阶级的民主化阶段依然存在。这是一种多数人试图消灭少数人，而少数人进行反抗的阶级斗争，是多数人对少数人的专政。然而，哪里有阶级斗争，哪里就需要国家和民主。无产阶级革命建立了无产阶级国家，它是掌握在多数人手里进行阶级控制的一种工具。社会冲突的继续存在也要求一种无产阶级民主，一种符合多数人利益的民主。无产阶级民主的上层建筑是公社国家或苏维埃。政治依然存在于无产阶级国家，因为多数人对少数人的冲突还在继续。

共产主义社会的高级阶段是一种无阶级社会。在这方面，列宁追随恩格斯，预想了共产主义社会的高级阶段是一种社会均匀化的形式。它是各类社会分层和社会差别的结束。如果说阶级与社会的分裂会引起社会冲突，那么克服社会冲突就意味着超越阶级，创立一种全社会均匀化的社会。它意味着多种社会职能平均化。

在一个社会里，如果缺乏社会分层形式，那么社会冲突就不再存在。社会冲突的结束，意味着国家需要的结束和民主的废弃。由于民主是解决社会冲突的一种方法，所以社会冲突的结束，也就是民主需要的结束。共产主义的高级阶段表明阶级、国家、民主，或任何统治制度的终结。

对于他的民主废弃学说，为了表明依据经典而被证明的合理性，列宁没有引证马克思，而是引证恩格斯：

> 人们通常在谈论国家问题的时候，老是犯恩格斯在这里所告诫的而我们在前面也顺便提到的那个错误。这就是：老是忘记国家的消灭也就是民主的消灭，国家的消亡也就是民主的消亡。……

> 但是，我们在向往社会主义的同时深信：社会主义将发展为共产主义，而对人们使用暴力，使一个人**服从**另一个人、使一部分居民**服从**另一部分居民的任何必要也将随之消失，因为人们**将习惯于**遵守公共生活的起码规则，而**不需要暴力**和服从。

> 为了强调这个习惯的因素，恩格斯就说到了新的**一代**，他们是"在新的自由的社会条件下成长起来的一代，能够把这全部国家废物完全抛掉"，——这里所谓国家是指任何一种国家，其中也包括民主共和制的国家。[38]

达到无须服从的途径，是把每个人降低到同一的水平。达到无须任何权力的途径，是抹掉社会分层的任何形式。列宁对马克思主义学说非政治化的贡献，就在于他设想了达到不需要社会决议任何草案的途径，是使社会的均匀化。列宁引入了一种不可调和的反论：一个人只有超越民主，才能成为共产主义者。他再次断定民主和共产主义是两种不同的体系。

正因为无须民主是通过运用社会平均的模式来达到的，所以共产主义社会就被介绍为经济的平均主义模式的运用。第二国际的马克思主义把共产主义确定为一种经济的平均主义的形式，《国家与革命》是这种传统的反映。

《国家与革命》第五章的标题是"国家消亡的经济基础"[39]，在这一章里，列宁提出了关于"共产主义社会的高级阶段"的经济的设想。[40]列宁采取了共产主义社会的生产主义的范式。对于列宁和第二国际的马克思主义者来说，共产主义没有经济的丰饶是不可能的，而经济的丰饶只有当现代制造业的潜能得到发挥、共产主义在生产上超过资本主义时才有可能。列宁在以下论述中表明了他对生产主义的范式的贡

献："这种剥夺会使生产力有蓬勃发展的**可能**。我们看到，资本主义目前已经在令人难以置信地**阻碍**这种发展，而在现代已经达到的技术水平的基础上本来是可以大有作为的，因此我们可以绝对有把握地说，剥夺资本家一定会使人类社会的生产力蓬勃发展。"[41]

列宁持经济主义观点，因为他设想技术的发展是在社会结构中首先发生作用的因素。在共产主义条件下，释放工业生产力首先引起社会均匀化。列宁用以下的方式描述社会分层的结果："但是，生产力将以什么样的速度向前发展，将以什么样的速度发展到打破分工、消灭脑力劳动和体力劳动的对立、把劳动变为'生活的第一需要'，这都是我们所不知道而且也**不可能**知道的。"[42]列宁说，虽然要确切断言先进技术何时会最后消除社会阶级是不可能的，因为社会阶级最初来源于"劳动分工"。技术的发展会导致社会平均主义，抹去以不平等的能力或劳动的不同形式为基础的一切社会差别。社会平均主义就是把社会水平降低到每个人都能够达到的共同标准上。

社会平均主义形成经济平均主义的基础。当列宁把共产主义确定为经济平均主义的一种表述时，他保持着第二国际的倾向。他写道："当社会实现'各尽所能，按需分配'的原则时，也就是说，当人们已经十分习惯于遵守公共生活的基本规则，他们的劳动生产率已经极大地提高，以致他们能够自愿地**尽其所能**来劳动的时候，国家才会完全消亡。……那时，分配产品就无需社会规定每人应当领取的产品数量；每人将'按需'自由地取用。"[43]

列宁在共产主义社会的见解中，也运用了行政的平均主义的模式。《国家与革命》包含以下段落：

> 计算和监督，——这就是把共产主义社会**第一阶段**"调整好"，使它能正常地运转所必需的主要条件。在这里，**全体**公民都成了国家（武装工人）雇用的职员。**全体**公民都成了**一个**全民的、国家的"辛迪加"的职员和工人。全部问题在于要他们在正确遵守劳动标准的条件下同等地劳动，同等地领取报酬。对这些事情的计算和监督已被资本主义**简化**到了极点，而成为非常简单、任何一个识字的人都能胜任的手续——进行监察和登记，算算加减乘除和发发有关的字据。[44]

在上面的段落里，列宁提供了他对于社会行政管理的"邮局"的解释。行政的平均主义，是克服人们才能分层基础上的差别、脑力劳动与体力劳动之间差别的一种尝试。通过保证有才干的人不会垄断官僚权力，他想防止官僚政治的统治。承认才能的分层是不能抹去的，防止官僚政治或党的统治的途径，是把一切工作都缩减到"非常简单的手续"，以便人人都能胜任。在某种程度上，行政的平均主义是列宁对党的专制主义或斯大林主义的危险作出的反应。列宁认识到，防止行政机构，也就是政党获得霸权的途径，是使行政机构公开为人民所监督。

列宁按斯金纳（B. F. Skinner）的《沃尔登第二》（*Walden Two*）的观点，把共产主义社会看成一个行为主义者的乐园。列宁相信在没有政治强制的条件下，人民能够学会管理社会。他写道："因为当**所有的人**都学会了管理，都来实际地独立地管理社会生产，对寄生虫、老爷、骗子等等'资本主义传统的保持者'独立地进行计算和监督的时候，逃避这种全民的计算和监督就必然会成为极难得逞的、极罕见的例外，可能还会受到极迅速极严厉的惩罚……以致人们对于人类一切公共生活的简单的基本规则就会很快从**必须**遵守变成**习惯于**遵守了。"[45]

列宁所说的"习惯"是指约定俗成的行为，意味着在邮局或在大型的国家辛迪加里工作，会教会人们始终如一的行为。列宁把装配线的泰勒模式从工厂层面转移到行政管理的等级制，因为他相信工厂和行政管理工作中机械的重复，都会训练人们始终如一的行为。用"习惯"这个词，列宁描述了意向和意志的平均主义。经过重复养成的习惯教导人们去履行社会职能，便不需要政治，因为习惯实现的职能完成，是出于同意而不是出于强制。

布尔什维主义在共产主义社会政治学说发展上的失败，不只是列宁一人的失误，而是整个第二国际的问题。马克思主义的政治学说是第二国际的黑洞，而列宁的工作是这种空白的反映。第二国际内的这种理论空白来源于三个主要的术语上的混乱：（1）第二国际设想冲突是政治的唯一根据；（2）第二国际相信克服冲突的工具即政治是平均主义；（3）第二国际犯有语言上的衰退，这一错误使其引出了以下句法上的等式：政治＝国家＝阶级权力。当第二国际接受了从国家到政治的语言归纳时，它就开始了一种句法上的公式，即只允许人们避免国家，而出路只有通过无政府或"无政治"状态。正确的评估是，列宁的失败必须置于第二国际的普遍失败之内来考察。马克思主义国家学说的瓦解，是整

个一代欧洲左派所特有的现象，列宁是这种瓦解的一个例证，而不是它的原因。

列宁的最终失败并不损害他探索问题的真诚态度和创造力。他的计划是发现一种截然不同于资产阶级的可供选择的形式和政治学说。尽管列宁的计划并没有获得成功，但他在民主的概念上拓展了新的视野。他把民主的应用拓展到经济活动的舞台，使马克思主义的这种传统永久化，并且他超越了马克思一步，把民主的应用拓展到行政管理、官僚政治和行业的领域。

卢卡奇的《民主化的进程》超越了《国家与革命》，推翻了布尔什维克的政治的思想体系，建立了马克思主义政治学说的基本原则。

《民主化的进程》致力于马克思主义思想的重新政治化。《国家与革命》的结论是，以经济和行政管理的平均主义代替民主和政治。《民主化的进程》从这样的立场出发，认为社会争议需要裁决，作出社会决定要一种协议是不言自明的，而民主则是保证这些裁决和形成统治职能的规则仍可为群众接受的途径。社会总是需要统治和政治，而民主则是保证这些仲裁和协议职能为多数人控制的一种手段。

《国家与革命》把民主的观念运用于马克思的劳动学说，而《民主化的进程》则把民主的原则运用于人的能动性的人类学思想。按照第二国际和列宁的观点，马克思把一切劳动确定为平等的，劳动的唯一差别在于劳动所消耗的时间数量。这种计算劳动的质的差别的企图，意味着劳动的民主是按照一种时间的平均主义来想象的。民主就是保证劳动者支出等量的劳动，又收回等量的报酬。卢卡奇推翻了民主和价值学说之间的联系，开始思索充分重视和发挥人的能动性的必要性。卢卡奇的方案考虑的是民主怎样能够导致人的潜能的增进。他不从劳动的数学化开始，他的核心概念是类的能动性。以这个人类学的核心为基础，卢卡奇把民主看作最有助于维护人的生产潜能的决议而形成的程序。卢卡奇仍然束缚于马克思主义的智力传统，并开始建立他的政治理论，即不是以劳动学说，而是以个人实践为基础，把这种实践设想为全方位的人的潜能。对于列宁来说，问题在于商品劳动的等量回报；对于卢卡奇来说，问题则在于人的才能的扩展。

卢卡奇是马克思主义国家学说革新的主要贡献者。马克思主义国家学说的革命性的变化，明显地表现在卢卡奇 1924 年的著作《列宁——

关于列宁思想统一性的研究》（*Lenin：A Study on the Unity of His Thought*）和 1968 年的著作《民主化的进程》之间的差别上。1924 年的著作致力于革命的主题，具有力量的社会阶级能够发动社会革命。[46]这部著作赞扬列宁是一个伟大的战略家，但只有无产阶级才有可能作为发动社会主义起义的阶级出现。卢卡奇在 1924 年写作《列宁》时，由布尔什维克在 1917 年掀起的革命浪潮已经耗尽力量，但在中欧德国、匈牙利、奥地利、意大利爆发的共产主义的乌托邦式的希望，仍然在书中回响。在马克思的政治学说方面，卢卡奇 1924 年的著作和列宁的《国家与革命》完全一致。在列宁开始实行新经济政策后三年，卢卡奇的著作证明无产阶级专政是正当的。无产阶级霸权能够通过苏维埃实现，卢卡奇在 1924 年仍然坚持认为议会运动是训练无产阶级民主的最好形式。1924 年，随着列宁的去世，鉴于苏联经历快速工业化和列宁的接班人政治斗争的需要，卢卡奇不再谈及"国家的消亡"。苏联面临着许多问题，卢卡奇这时认为思索一种无政府主义社会是无用的，所以他停止论证无产阶级专政的政治思想。

卢卡奇 1968 年的著作《民主化的进程》，从策略转向社会本体论。《列宁》一书的哲学设想是黑格尔式的同一性观念：革命无产阶级在自己的想象中塑造历史。在 1968 年，卢卡奇不再把工业无产阶级看作革命的主体，而是注视社会劳动的观念。在《列宁》中，卢卡奇的研究对象是政治变动的策略，而在《民主化的进程》中，他的对象是社会劳动。不仅是 1924 年和 1968 年的著作的对象和主题变了，而且同一性哲学的来源也变了。在《列宁》中，同一性哲学依据阶级的活动性，而在《民主化的进程》中，这种同一性的基础就不再是阶级的主体性，而是社会劳动。[47]

卢卡奇从列宁主义的策略方面转向对民主的社会主义管理原则的探索，并不是对列宁主义的抵制。《民主化的进程》是反斯大林主义的，而不是反列宁主义的。卢卡奇在列宁与斯大林之间划了一条明显的界线。卢卡奇谴责斯大林主义，把它与官僚政治的极权主义的形式相联系。他感到列宁主义的遗产是与官僚主义的霸权相对立的。1924 年，卢卡奇涉及的列宁，是掌握政权的政治战略家，而 1968 年，卢卡奇涉及《国家与革命》，其中谈到列宁"形成习惯"或"习惯"的那些部分，把这些术语看作列宁主义对社会主义民主的信奉。在卢卡奇看来，坚持

列宁主义，就是最有力地反对斯大林主义。

"导言"的观点，就是要反对把卢卡奇学派看成斯大林主义的代言人。把卢卡奇作为斯大林主义者的解释学派的主要支持者是莱齐克·克拉科夫斯基，特别表现在克拉科夫斯基的有影响的著作《马克思主义的主要流派》第三卷的"卢卡奇或服务于教条的理性"一章中。[48] 把卢卡奇看作斯大林主义者的论断，也在两个较早的评价中提出来过：乔治·利希特海姆的《卢卡奇》[49] 和维克托·齐达的《捷尔吉·卢卡奇的马克思主义》[50]。卢卡奇与斯大林主义的关系问题过于复杂，这里不能详细讨论，我承认他接受了斯大林主义的某些方面，比如 1939 年的《苏德互不侵犯条约》。但是，卢卡奇在 1956 年以后反对斯大林主义，是无可辩驳的事实（见他的《致艾伯托·卡罗西的信》[Letter to Alberto Carocci][51]）。我认为他反对斯大林主义在其 20 世纪 30 年代的著作中就明显反映出来了，至少在文化研究领域是如此。在他反对希特勒主义的斗争中，在他思索非理性主义的种族主义是如何威胁着德国启蒙运动的人道主义传统时，卢卡奇把自己与 18 世纪德国文化的民主和理性主义的方面联系在了一起。尽管他了解无产阶级人道主义接纳了 18 世纪的人道主义，但他还是把歌德认作资产阶级启蒙运动的典型表现。像恩格斯那样，卢卡奇认为无产阶级文化来自资产阶级人道主义却又超出资产阶级人道主义。

卢卡奇这种对民主的转变也扩展到了 20 世纪 30 年代他对俄国文化的研究。在《俄国民主的文学批判主义的国际意义》[52] 一文中，他把托尔斯泰和车尔尼雪夫斯基解释成 19 世纪平民民主趋向的激进代表，这种趋向在 1917 年的俄国革命中最终迸发出来。1945—1947 年，卢卡奇在匈牙利是"新民主"的倡导者，这是仿照 1928 年的《布鲁姆提纲》和列宁的新经济政策的一种无产阶级与农民之间的经济政治联盟，以保留农民的私有财产为中心。卢卡奇对列宁的"工农民主专政"（以 1905 年的苏维埃模式为基础）概念的坚持，对德国启蒙运动的理性主义的人道主义和民主原则的坚持，以自己的"批判现实主义"（critical realism）的形式对斯大林主义无产阶级艺术美学的反对，都清楚地把自己与斯大林主义的主要方面对立起来。他远不是斯大林主义的维护者，而是从一开始就是斯大林主义的批判者。

按照卢卡奇的观点，斯大林主义代表了马克思主义的一种变形。斯大林主义是官僚主义对社会主义的玷污。正如卢卡奇把列宁与斯大林区别开来一样，他反对一切把斯大林与社会主义联系起来从而通过斯大林批评社会主义的企图。卢卡奇选择了不同于鲁道夫·巴诺在《东欧的抉择》[53]一书中所表现的途径，在这本书中，巴诺把斯大林主义与社会主义混同起来，最后反对社会主义。巴诺从反斯大林主义转向反社会主义，而卢卡奇则始终是社会主义的信徒。为了挽救社会主义，卢卡奇发现必须摆脱斯大林的社会主义。

在《民主化的进程》中，卢卡奇提供了一个新的社会主义的定义。他突破了生产主义和经济主义的模式，这种模式表现了第二国际解释社会主义的特征，第二国际的这种解释也影响了列宁和斯大林。经济匮乏的问题是 19 世纪的首要问题。在这种态势下，社会主义被确定为能通过丰饶来克服匮乏。卢卡奇突破了这种经济优先的形式，而把社会主义的定义从经济分配问题移向政治问题。对于匈牙利的马克思主义者来说，社会主义不把商品丰富而把民主置于首位。

卢卡奇把社会主义确定为保证较充分的社会民主的唯一途径。财产的国有化是民主得以扩展的唯一途径。某人是一个社会主义者，就因为他倡导较深的民主，因为社会主义是民主能够前进到超越资产阶级议会制的唯一形式。

卢卡奇的晚期著作《审美特性》、《社会存在本体论》和《民主化的进程》，组成互相依存的三部曲，有着为马克思主义思想"复兴"作贡献的共同目的。他的计划是要把马克思主义与斯大林主义分开，表明马克思主义在官方的克里姆林宫意识形态之外有着创造的潜能。他重申，活生生的马克思主义不但反对斯大林主义，而且反对西方批评家们的反马克思主义。卢卡奇不是莱齐克·克拉科夫斯基，后者是一个逃离东方世界移民到西方的人，是谴责马克思主义的一个主要喉舌。卢卡奇仍然是马克思主义的信徒。正因为卢卡奇要把马克思主义与斯大林主义分开，所以他要维护一种重新表达的马克思主义，并以此来反对它的西方批评家们。

建立马克思主义政治学说中的最重要的理论因素，就是卢卡奇重新认识到市民社会或类存在与国家之间的差别。对马克思和卢卡奇来说，政治的问题是政治授权的场所问题。争论在于：权力是应该置于国家中，与人的日常生活相隔离而增长，还是应当在市民社会中发生，作为

人的类生活更为直接的表达。马克思和卢卡奇都偏向于市民社会的政治授权。

在卢卡奇看来，政治是作出社会决定的协议和对争议的裁决。政治是社会永远呈现的需要。卢卡奇放弃了列宁在《国家与革命》中关于可能存在无冲突社会的思想。他放弃了列宁主义关于社会平均化能够消除社会争议的一般缘由的思想。由于政治是社会永远呈现的需要，问题就在于是哪个领域，国家还是市民社会，能够成为政治的，即运用权力和作出决议的场所。卢卡奇和马克思都相信市民社会的政治化。因为他们感到，市民社会是对人类日常生活更为直接而顺当的表达。苏维埃就正是这种市民社会政治化的制度。一种政治的进程，不像列宁在《国家与革命》中所说的是阶级冲突不可调和的产物，而是超出民主发生的根基之外。

卢卡奇提供了一种马克思主义政治学说的纲领。马克思主义政治学说的议题，要求发明扩大民主作用的政治程序和制度。民主不是一种永久不变的状态，而是一种必须经常重新确定的依赖于基本社会结构的状态。马克思主义的国家学说不辱使命，它发现，政治协议将向民主的普遍化发展。

《国家与革命》和《民主化的进程》之间的差别是，列宁按阶级还原的模式确定政治，而卢卡奇则把政治确定为社会的程序。从阶级还原的观点出发，列宁相信阶级的消灭招致政治的消灭。从程序的观点出发，卢卡奇认为，没有程序的一致，社会从来就不能存在。卢卡奇从政治阶级性的定义转向程序性的定义。

卢卡奇以市民社会代替阶级。市民社会对阶级的代替是有决定意义的，因为它的注意力集中在这一事实上，即没有统治就没有市民社会，而政治是一切市民生活所必需的职能。市民社会对阶级的代替，是建立马克思主义政治学说的社会学基础。市民社会对阶级的代替，作为马克思主义国家学说的基本因素，是卢卡奇政治思想转变的一个有决定性意义的范例。

以上我作的评论，提出了卢卡奇试图复活马克思主义政治学说的一般原则。《民主化的进程》也是一本论理清晰的著作，但有必要说明它的某些特点，以便弄清书的复杂含义。把《民主化的进程》的细节弄清楚了，卢卡奇复兴马克思主义政治学说的全部内容也就清晰可见了。为了简明起见，我把我的关于特点的讨论分为两部分：(1) 对布尔什维克编史工作、经济主义和"庸俗社会学"的超越；(2) 建立马克思主义国家学说的原则。下面的评论大都是针对列宁的《国家与革命》的，因为我要证明的观点之一，就是卢卡奇对这部著作和布尔什维克一般政治学说的取代。

对布尔什维克编史工作、经济主义和"庸俗社会学"的超越

必须把《民主化的进程》置于它所处的历史时期来考察，有助于详细说明本书的条件有四个：(1) 它写于布尔什维克 1917 年革命之后；(2) 它写于第二次世界大战之后；(3) 它写于斯大林去世和苏共二十大之后；(4) 它写于捷克斯洛伐克亚历山大·杜布切克改革运动之后。

《国家与革命》是在 1917 年 7 月写成的①，大约在布尔什维克夺取政权的四个月前，它的重点放在取得政权上，是一种革命战略的指南。[54]《国家与革命》是布尔什维克毁坏一种政治学说的主要原因之一。它以起义的策略代替了社会主义社会的统治艺术。

卢卡奇著于 1928 年的《布鲁姆提纲》，是寻求一种联盟的政策，用来阻止欧洲法西斯主义的出现。像列宁的《社会民主党在民主革命中的两种策略》一样，卢卡奇的《布鲁姆提纲》也号召组成工农联盟，但卢卡奇把这种联盟政策看作阻止极权主义施行的手段。在 20 世纪 30 年代后期，卢卡奇是"人民阵线"策略的倡导者。

在法西斯主义时期，卢卡奇面前只有两种选择，独裁主义或者民主，卢卡奇选择了民主。民主有多种形式，卢卡奇在 1968 年采纳的民主的形式，不同于他在反法西斯主义战争时期所采纳的形式，但有一个前后不变的主题，就是无产阶级力量与资产阶级民主传统的某些形式保持联系的需要。

在比较广的社会学范畴之内，卢卡奇举例说明，第一次世界大战时期的一代中欧知识分子，是不反对文化与政治的混合的。在比较窄的政

---

① 《国家与革命》的写成时间应是 1917 年八九月。——译者注

治构架之内，卢卡奇一直是共产主义者。在他于 1918 年 12 月参加匈牙利共产党之后，他把自己定位为共产主义事业的一个民众领袖。因此，他的政治著作应当被视为对当时策略形势的反应。共产主义知识分子的一个职能，就是提供智力的理由，来证明共产主义的战术。这并不意味着卢卡奇是不真诚或不正当的，而是意味着他试图使共产主义的遗产适应不同的历史环境，从而保留这种遗产。

许多人认为，卢卡奇在《布鲁姆提纲》引起一阵骚乱之后，放弃了政治生活。[55]按照这种观点，卢卡奇被匈牙利共产党开除党籍，结束了他积极投身的政治生涯。自此以后，他就致力于研究文学和哲学了。这样一种解释，违背了卢卡奇作为一个政治上自觉的知识分子的自我定义，因为卢卡奇从未放弃他的政治参与，问题只是涉及政治参与的形式而已。[56]1918 年到 1928 年的 10 年，正是卢卡奇从加入到被逐出匈牙利共产党的 10 年，是他政治上十分活跃的 10 年，在此期间他参加了库恩·贝拉的共产党政府。在他被匈牙利共产党开除之后，法西斯主义崛起，卢卡奇的政治参与经历了一种形式的而不是思想主旨的变化。卢卡奇在政治上的活跃直到 1956 年 10 月参加伊姆雷·纳吉的匈牙利革命政府之后才停止，但是他的政治参与在其著作中得以继续，它们很少不带有政治含义。在他反对欧洲法西斯主义的斗争中，他的著作有着强烈的政治性。在对俄国或西方的小说进行研究中，他把欧洲的文化生活看作法西斯主义和民主之间的分化，而他这一时期提倡民主，就成为 1953 年斯大林去世之后他要求共产主义社会民主革新的思想根源。远不是放弃或疏离政治，卢卡奇对民主行为的理论问题的参与，就是他制定和要求实际改革的思想基础。卢卡奇是东欧产生异议和发生革命的主要根据。

《民主化的进程》的历史背景是 1968 年存在于东欧的社会主义。卢卡奇的问题不是生产资料的国有化、推翻资本主义或消灭资产阶级的问题，因为这些都已经解决了。《民主化的进程》使马克思主义的政治学说转向关注民主地管理社会主义社会所需要的协议。

写作《民主化的进程》，是对 1968 年苏联镇压杜布切克改革作出的反应。它表明对东欧反斯大林主义的改革运动的支持。正因为卢卡奇参与了 1956 年匈牙利革命，所以《民主化的进程》是以 1968 年"布拉格之春"的社会本体论为基础的一种哲学的证明。

在这些历史的参照系内，卢卡奇不再按照从资本主义到社会主义再到共产主义的三阶段的程式来思考，因而超越了布尔什维克的编史工作。卢卡奇从两个方面放弃了这种传统的布尔什维克的编史工作：他不再讲从社会主义向共产主义的过渡；他用社会主义的民主化的观念来代替共产主义的观念。

在《民主化的进程》中，卢卡奇涉及共产主义的观念，是为了从"固有的共产主义"（communism-as-immanent）和"启发式的共产主义"（communism-as-heuristic）的区别中明白其含义。所谓"固有的共产主义"，我是指把共产主义描述为可预见的未来的一个必然的历史阶段。"固有的共产主义"出现在《国家与革命》的篇章中，因为列宁认为它必定会在社会主义之后到来。它是一切历史发展的目标，由于它寓于即将到来的前景之中，列宁试图确定它的某些特征。所谓"启发式的共产主义"，我是指把共产主义描述为未来的可能性。"启发式的共产主义"起着走向未来的指针的作用，它涉及民主完善的连续过程。"启发式的共产主义"不是一个明确的最后历史时期，而是历史应当趋向的一种价值。

卢卡奇在《民主化的进程》中使用"共产主义"术语时，把它用作"启发式的共产主义"。他指一种向着人类未来的"应当"（ought），而不是指一种固有的必然确定的历史阶段。列宁、斯大林和赫鲁晓夫所用的"共产主义"一词，是限定为"固有的共产主义"，而卢卡奇则把这个词的含义改变为"启发式的共产主义"。对卢卡奇来说，共产主义必然到来的问题失去了意义，所以"固有的共产主义"在他的政治词汇表中淡出了。传统布尔什维主义的意识形态工具的这个部分，共产主义证明历史进程和无产阶级革命的这个部分失灵了，在卢卡奇那里，作为太平盛世的共产主义不再存在。

卢卡奇所抛弃的传统布尔什维克思想体系的另一部分，是把社会主义或共产主义与无阶级同等看待的思想。《民主化的进程》是一个绪论，复兴马克思主义政治学说的某些特征这里不能深讲，社会分层问题就是这些方面之一。然而，在卢卡奇著作的篇章里，没有包含论及社会主义或"启发式的共产主义"可以无阶级的内容。在社会分层的问题上，显然卢卡奇区分了阶级和社会集团的其他形式（或社会阶层）。"阶级"是一个应用于生产资料所有制的术语，而"集团"是一个应用于所有制不

同的方面联系在一起的社会阶层的术语。在这个定义之内，社会主义社会要消灭阶级是可能的，但不可能消灭其他社会集团，如教授、工程师、社会工作者和工业劳动者。卢卡奇放弃了社会主义或共产主义等同于社会平均化的思想。就以上提供的定义而言，社会主义是一个社会分层、集团仍然存在的社会，因为不与财产相联系的集团的存在不是对民主的破坏。由于放弃了无阶级的观念，卢卡奇从而放弃了传统布尔什维克关于经济和行政的平均主义。民主的深化并不寓于社会的平均化之中，而是寓于一切社会阶层的政治授权之中，所以没有任何社会集团是被排除于行使政治主权之外的。

传统的布尔什维主义把共产主义表述为历史的一个最后阶段。历史唯物主义与布尔什维克政治学说之间存在着矛盾。作为一种模式，历史唯物主义是一种社会分析的形式，它是以设想历史是一个连续过程为基础的，而就政治学说而言，布尔什维主义却秉持共产主义是历史过程的终结的思想。共产主义被装点成未来的太平盛世。从这种观点出发，它就会被看作一种不再会有什么进步的完善的社会。

卢卡奇接受了历史唯物主义与政治学说之间的这种分离。共产主义不是被看作一种与历史无关的状态，而政治学说必须被赋予历史的意义。卢卡奇反对对共产主义作末世学的解释，而是认识到政治学说本身必须被赋予历史的意义。卢卡奇在自己的著作里，没有使用"民主"的术语，因为这包含某种类型政府的静止的、固定的形式。卢卡奇使用了"民主化"的术语，它包含民主处于过程中（democracy-in-process）的含义：民主是扩展公民参政途径的一种没有终结的探寻。

卢卡奇不再按其末世学的意义来使用"共产主义"一词，即不把它看作基于历史的实现的一种新的耶路撒冷，共产主义被设想为与历史无关。而卢卡奇则试图建立一种以历史为基础的马克思主义的政治学说。马克思主义政治学说的目的不是描述共产主义社会，而是分析社会主义社会如何能进一步民主化。卢卡奇以一种对社会主义社会的更深入的民主化观念代替了共产主义的观念。社会主义革命是一种争得民主化进程的胜利，因为它把生产资料置于党的掌控下。社会主义革命运动要求把民主化进程从经济领域扩展到政治领域：生产资料的党的所有制转变为生产资料的社会所有制。

卢卡奇结束了传统的布尔什维主义编史工作，即试图把历史固定为必然的三阶段进程的做法。卢卡奇不仅把资本主义——社会主义——共产主义的三段式例证扔进了编史工作的垃圾箱，而且取代了传统布尔什维克思想结构的其他许多方面。诸如"无产阶级专政"、"无产阶级国家"、"国家的消亡"、"打碎"资产阶级国家、"公社国家"等概念，都不再出现在他后期的政治著作中。所有这些概念，对于作为起义策略的布尔什维主义来说，是有决定意义的，它们与当代马克思主义政治学说的复兴不再有任何关联，这一事实意味着社会主义思想史中的一个时期已经结束。传统布尔什维克思想体系过时了，所有这些理论概念的残余说明布尔什维主义的观念结构已经死亡。正如卢卡奇的早期政治著作——从1918年的著作直到1924年的著作《列宁》——为布尔什维主义作了某些最好的思想辩护，他1968年的著作《民主化的进程》则宣告了传统布尔什维克政治学说的死亡。

为了弄清卢卡奇怎么可能在支持列宁主义的布尔什维主义的同时又取代了传统布尔什维主义，就有必要区别布尔什维主义的这两种形式。用传统布尔什维主义这个术语，我是指从列宁延续到斯大林的布尔什维克思想的共同实体。列宁与斯大林之间虽有差别但也有连续性，传统布尔什维主义的术语指那些有连续的领域，比如使第二国际的政治学说永久化的方面。传统的斯大林主义的布尔什维主义和列宁主义的布尔什维主义之间的分离起源于列宁与斯大林之间存在的差别。卢卡奇抨击传统的斯大林主义的布尔什维主义而同时又维护列宁主义的布尔什维主义是可能的。斯大林主义的布尔什维主义与官僚政治的极权主义同义，而列宁主义的布尔什维主义把苏维埃看作统治的核心。"列宁主义的反对派"是反斯大林主义者。对于当代东欧和苏联的改革运动，卢卡奇是一位哲学先驱，他成功地破坏了斯大林主义的布尔什维主义而肯定了列宁主义的布尔什维主义。

卢卡奇所保持并表现"列宁主义的反对派"特征的列宁主义布尔什维克思想体系的一部分，是关于苏维埃的思想。他把苏维埃看作一种有助于实现党与国家相分离的制度，因为苏维埃能够接替国家的职能，并导致党脱离国家。《民主化的进程》着重依靠苏维埃的思想，因为这是直接民主的制度。卢卡奇轻易地忽略了一个事实，即在喀琅施塔得叛乱（Kronstadt Rebellion）时期列宁使苏维埃遭受了致命的伤害。

卢卡奇所推翻的传统布尔什维主义思想体系结构的另一方面，就是

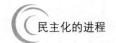

关于无国家和无政治的思想。在《民主化的进程》中，卢卡奇要求党与国家的分离，向人们展示他认识到，国家与政治是一切统治形式中的必要特征。另外，卢卡奇在描述由苏维埃统治的社会主义社会，或者描述一种政治授权于日常生活的领域时，显然，这些类型的活动的进展是不能没有国家的。社会主义是民主化历险（odyssey）中的一个阶段，民主作为程序和协议不能离开国家而单独存在。卢卡奇把无国家和无政治的术语从马克思主义政治学说的词典中抹去，这使传统布尔什维主义的思想体系进一步净化。

在哲学基础方面，卢卡奇从功利主义和行为主义的倾向中解放了马克思主义的政治学说。列宁的《国家与革命》和第二国际的整个政治学说，如同它们的哲学预想，有一种功利主义和行为主义的倾向。第二国际时期，用心理学代替政治的思辨。第二国际的基本设想是，人在心理学上就决定了他们是能够合作的，所以调节的艺术就代替了政治家的技能。卢卡奇转变了这种从政治到心理学的还原，把马克思主义的政治学说重新置于希腊城邦的理想上。卢卡奇不再通过心理学的调节来根除自我利益，而是寻求恢复公众和私人的统一。

杰里米·边沁（Jeremy Bentham）是第二国际政治学说的哲学之父。他关于人的见解，是一种起初建立于十七八世纪的观点，即把人看作一种满足需要的生物。人有需要，而未满足的需要引起自我利益，自我利益便是社会冲突的种子。相反地，如果需要得到了满足，人便得到安抚，就不会有社会冲突。安抚是目的，通过平均化的手段，社会冲突就会结束。功利主义心理学的基本设想是行为主义：通过对快乐与痛苦的适当调节和需要的平均化，人就能处于相互合作的和谐状态。

第二国际的马克思主义对人的心理学采取一种功利主义和行为主义的研究，认为人可以处于一种无冲突的社会。如果需要的平均化是克服冲突的最可靠的方式，那么政治就能被取代。如果没有冲突和自我利益要调节，那么也就不需要任何政治秩序。

卢卡奇超越了第二国际政治学说的哲学基础。他反对对人的行为的心理学主义的研究，使自己适应把公众与私人结合起来这一思想。他接受了一个个人和自我利益的世界，认为社会协议和政治对于调解冲突是必要的。为了恢复城邦结合的思想，卢卡奇不是先关注无冲突状况的建立，而是更为关注人的潜能的发挥。卢卡奇使自己适应于希腊和谐生活的理想，再一次使伦理与政治相结合。希腊和谐生活的理想设想了各自自我实现、意见不相一致的个人的存在，希腊的这种理想，使卢卡奇倾向于接受在社会进程的形式中政治连续性的必要性，在卢卡奇看来，政治不是统治，而是允许完整人格出现的一种协议。

卢卡奇也超越了关于社会主义的生产主义的定义。第二国际的经济主义和布尔什维主义趋向于集中关注生产力。如果说目的是经济的丰饶，那么达到这种丰饶的手段就是技术的增长。注意力从生产关系转向生产技术，社会主义变成了技术官僚的宣传。为表达对工业现代化的迷恋，社会主义的生产主义在语言上采取了以下的等同形式：技术是生产力的基础；生产力是达到经济丰饶的条件；经济丰饶在和平出现之前是必要的；和平是达到无冲突社会的关键。在经济主义的模式中，共产主义等于先进的技术。

与抛弃对社会主义的生产主义的经济主义的解释一起，卢卡奇也否定了"庸俗社会学"（vulgar sociology），就是按照阶级或经济收入来解释一切社会事件的企图。尽管列宁与斯大林之间有重大差别，但列宁是一个"庸俗社会学家"，他的主张在斯大林统治下被引向极端。与庸俗社会学相联系的是基础上层建筑的模式。按照这种模式，一个社会的上层建筑——它的文化、政治、法律——只是它的基础结构的反映，它的阶级结构和生产资料的反映。基础—上层建筑的模式也可以被描述为社会学的副现象学，一种主张法律、政治和文化只是阶级利益的副现象的社会分析方法。

从社会学的副现象学的观点出发，政治的文化和制度不能独立存在。整个政治结构，从政治理论到政党再到国家，都可以还原为阶级利益。社会学的副现象学将它自身引向一种结论，即阶级的消亡与政治一类的东西的消亡同时发生。

卢卡奇超越了庸俗社会学的一切形式。他认为这是对客观力量的一种奴性的投降。作为一个黑格尔主义者，卢卡奇强调历史发展中人的能动性的作用。客观的力量，自然或经济的趋向，作为社会发展的原因自身从来是不充分的，而自觉主体的活动则提供了社会向前运动的力量。由于卢卡奇希望维护引起人的能动性的力量，维护人创造他们自身历史的马克思主义的思想，因而他反对一切形式的庸俗社会学或社会学的副现象学。

建立马克思主义国家学说的原则

卢卡奇希望他对马克思主义政治学说的革新会对马克思主义的复兴作出贡献。马克思主义政治学说的重建，是导致一般马克思主义学说再生的一条途径，使马克思主义与一个后斯大林主义的世界相关。卢卡奇想要再造的马克思主义，是如同存在于1921—1925年的布尔什维主义。卢卡奇一直是布尔什维主义的捍卫者，但他寻求复兴的布尔什维主义的形式，是新经济政策时期的列宁主义的布尔什维主义，或者说是一种反事实的（counterfactual）列宁主义的布尔什维主义，其中列宁还没有完全毁坏苏维埃运动。

然而，为了了解卢卡奇的政治，就有必要把它置于他的社会本体论的格局中来考察。他继承马克思主义的思想，认为哲学必须构成各门社会学的思辨的基础。只有当社会科学或政治与哲学相结合，把哲学作为方法或者价值观，社会科学或政治学说才能达到解放。在"导言"里，不可能充分讨论卢卡奇的社会本体论。但是，我开始讨论卢卡奇的国家学说，是把政治学说与他的社会本体论在三个领域联系起来：（1）社会本体论：历史主义的；（2）社会本体论：实践（praxis）；（3）德国人道主义和城邦理想（polis-ideal）。

社会本体论：历史主义的

《民主化的进程》的第一部分"作为社会主义改革失误替代选项的资产阶级民主"，给民主提供了一种历史主义的解释。卢卡奇抨击了民主的"庸俗"观念，即认为民主存在于永恒的形式中。卢卡奇提出，像任何其他社会制度一样，民主经常改变它的形式，必须以一种历史主义的观点来解释民主。

在卢卡奇的社会本体论哲学中，过程是决定性的思想。在社会经济的领域里，人的能动性是一个常量。虽然卢卡奇使用术语"本体论"，但他只是把本体论当作过程的同义词来使用。设想过程的本质性，卢卡奇断言一切历史性来自社会变化。卢卡奇从黑格尔的不断运动的观点出发，并使马克思加上平衡的观念：社会变化是一切变化的基础。卢卡奇不想按海德格尔的方式把过程弄成一种先驱的范畴，运动不能成为一种关于存在的存在主义的非时间范畴。作为对现象学和存在主义的一种马克思主义的回答，卢卡奇的社会本体论意味着对海德格尔的一种驳斥。它试图表明过程不是一个先驱范畴而是一个社会产生的范畴。

社会过程总是客观和主观力量的结果。主观的力量，人的自觉活动，是定向了的目的；客观的力量，自然或经济的发展，是由它们自身的机械的过程驱动的。这种客观和主观力量的结合，是社会发展的动力。每一个社会都是各种社会结构的一个统一的整体。卢卡奇虽然不在整体上把政治还原为经济，但他了解社会结构影响政治信念。一个社会的结构发生变化，那个社会的政治也就发生变化。正因为社会过程是历史存在的固有的特质，所以民主必须作为经历变迁的政府的形式来探讨。在第一部分"作为社会主义改革失误替代选项的资产阶级民主"中，在对社会主义的民主形式进行分析之前，卢卡奇讨论了两种先前的民主形式，希腊的城邦制和资产阶级的民主。对民主的历史主义的探讨表明，与其谈论民主的一种形式，不如更确切地谈论整个历史过程中民主所呈现的形式的多样性。

在人的这种历史主义的视野之内，社会主义是人类变化过程的一个阶段。卢卡奇于1930年在莫斯科读了马克思的《1844年经济学哲学手稿》，受到很大的影响，特别是马克思的社会现象学，在其中马克思论述了历史是人的自然发生。关于变的论题，仍然是卢卡奇思想中的一个重要的主题，他把社会主义看作人向自由变化过程中的一个阶段。按照黑格尔的方式，卢卡奇把历史看作人类自我教育的过程，而社会主义就是这种自我教育的一部分，其中民主可以扩展到以往从未扩展到的人类实践领域。

对于人类自由的这种扩展，社会主义革命是一个必要的前提。为了把自由扩大到人类活动的领域，就必须使生产资料国有化。这些力量必须置于整个社会的控制之下，以便整个社会能够知道如何最好地利用它们。国有化与社会化是有区别的。国有化涉及从私有制到公有制的所有权的转变，而社会化涉及支配的过程。国有化是走向社会化的首要步骤，因为在建立生产资料的民主管理之前，必须首先取得所有权。人必须首先具有控制社会劳动和社会生产工具的经验，才能受到自由方面的训练。自我意识（self-consciousness）是自我规定（self-determination）

的一部分；意识到人的抽象思维中的能力，有助于一个人决定他在具体实践中应该如何行动。

社会本体论：实践

受马克思在《1844 年经济学哲学手稿》和《关于费尔巴哈的提纲》中表述的人的能动性主题的影响，卢卡奇提出了一种社会生产活动的哲学。人类实践是实现社会过程的力量之一，因为它是经常变更周围世界的一种自生的力量。卢卡奇认为社会发展是两条发展线索的结果：人的工作，这是主观的；自然或社会环境，这是客观的。人的工作是有目的指向的，因为有意识的人设立目的。社会过程来自人类实践和社会自然的相互作用，来自人类为自身目的而利用社会自然的自觉意图。在这个基础上，卢卡奇反对把历史中的变化看作自发地来源于经济或技术的各种社会哲学。客观主义不过是机械唯物主义的另一种形式，因为它主张变化唯有按物质的力量才是可说明的。苏联哲学在斯大林之后变成客观主义的，卢卡奇反对克里姆林宫关于辩证唯物主义的见解，因为它取消了任何主观干预的作用。

卢卡奇的实践批判活动哲学建立在主体与客体相统一的思想上。人的工作是主体与客体相互联系的中介。人类干预是有目的的，它提出意图，而这种意图就是把社会自然物作为工具来利用。

卢卡奇的干预辩证法的思想，保持了马克思主义的历史是人的自然发生的主题。人类实践批判的工作改变社会自然的环境，新产生的社会自然的环境又改变主体，而新改变的主体再改变客观条件。历史是人的自然发生，因为改变主体的条件是由该主体产生的，可见人的变化是自我变化。能动性的辩证法意味着人是一种基本的力量，就是说，人依据他自身客观化的力量来人化他的客观社会和物质的周围环境。

主体与客体的主题的统一，是卢卡奇关于人类与社会统一的信念的逻辑基础。因为社会是客观的，它提供了劳动的条件，主体靠它才能工作。所以工作再度成为人类和社会相联系的链条，因为二者缺一就不能生产。社会提供了促进人类组成的条件，个人则是变更社会的有力的力量。卢卡奇的实践批判活动哲学代替了为复活希腊城邦统一体理想而以市民为基础的生产力量。希腊人设想市民提供了在城邦内实现人类结合的基础，卢卡奇则设想工作的辩证法提供了实现人类与社会相互作用的链环。

德国人道主义和城邦理想

《民主化的进程》是在社会主义社会重新设置民主的城邦理想的一种尝试。它代替了以阶级根源为基础的马克思主义的政治学说，因为它使得城邦理想成为社会主义社会的理论核心。卢卡奇的先驱罗伯斯庇尔和卢梭曾试图重建 18 世纪法国的城邦理想。

卢卡奇希望带到社会主义的民主，是反资产阶级形式的。资产阶级民主把政治人与私人分开。以分离经济人与政治人的自然权利学说为基础，资产阶级民主把资本主义社会的个人看作精神分裂的产物，个人的经济生活完全与政治生活相脱离。资产阶级民主不是统一个性的各个部分，而是把它们分开。

卢卡奇感到，社会主义为复活城邦式的民主提供了合适的条件。卢卡奇不从自然权利的传统来开始他的政治思辨。他最初关注的不是个人的权利，而是市民与经济人之间的统一。他首要的意向是恢复私人与公共人的结合，而不是建立个人自由的基本保证，他是反资产阶级的，因为他不是按自然规律或个人自由来思考，而是按通过工作过程的相互作用而达到的社会结合来思考。

回到城邦式民主的传统，卢卡奇保持了对德国古典人道主义的忠实。立足于 18 世纪资本主义世界的初期，席勒、歌德和黑格尔都意识到被资本主义社会带来的私人生活与公共生活之间的分裂。席勒、歌德的戏剧和小说经常告诉我们，围绕他们的社会庸俗价值观念毁灭了多少富有才华的个人。认识到社会规则和个人才华之间的悲剧性冲突，德国的人道主义哲学家曾期望把希腊城邦式的联合生活作为一种手段，来避免这种典型的资本主义困境。

在卢卡奇的著作《理性的毁灭》（*The Destruction of Reason*）中，他看到德国文化中的两种倾向：引向法西斯主义的非理性主义和作为民主的基础的人道主义。在这方面，卢卡奇与斯大林主义意见相左。由于法西斯主义在 20 世纪 30 年代崛起，斯大林谴责西方社会主义和资产阶级民主仅是可供右的极权主义选择的形式。卢卡奇探寻了一条不同的道路，把民主看作反法西斯主义的一种防御。斯大林主义导致苏联与西方社会主义和民主的隔离，而卢卡奇与资产阶级人道主义启蒙运动的贴近

则引导他拥护一种"人民阵线"的策略，该阵线反对希特勒主义的一切民主力量的联盟。卢卡奇看到有必要把资产阶级的民主模式提高到社会主义模式这一层次，他获益于德国古典人道主义传统对城邦制的过度崇拜。读《民主化的进程》得把它当作德国古典哲学中存在着的城邦传统的一种继续。

卢卡奇试图表明，这种人道主义传统在马克思主义的社会主义中表现得最好。卢卡奇的企图与弗里德里希·恩格斯的文化斗争相匹配，恩格斯在《路德维希·费尔巴哈和德国古典哲学的终结》中力图指明，无产阶级是德国人道主义传统的合法继承者。卢卡奇的《民主化的进程》是在文化合法性上的一种尝试。它试图表明，古典的传统在弗里德里希·恩格斯的话语中、在社会主义中找到了它的继承者。为了证实这一点，卢卡奇说明了城邦民主是怎样与社会主义完美一致的。在为他非常重视的民主特征排序时，卢卡奇突出了公共人与私人相统一或自我与社会相结合的思想，这是德国古典哲学家的一种理想。卢卡奇认为，这在资本主义社会是不可能实现的。

上面关于卢卡奇的政治学说和他的社会本体论的关系的讨论，指出了他的社会哲学中国家学说的根源。现在就有可能更具体地讨论他建立马克思主义国家学说的原则了。我分六个部分讨论他的贡献：（1）论类存在与国家之间的相应性；（2）人类学与解放；（3）公共和私人的统一；（4）对于民主的重新定义；（5）对于社会主义的重新定义；（6）纲要。

论类存在与国家之间的相应性

卢卡奇的政治学说使马克思主义关于市民社会与国家之间的差别永久化了。然而，卢卡奇把这种差别人类学化，在《民主化的进程》中，他讲到类存在与国家之间的差别，而不是讲市民社会与国家的两分。类存在的思想是费尔巴哈的概念，马克思把它纳入《1844年经济学哲学手稿》中，作为人类的普遍性质谈及。费尔巴哈之所以选择术语"存在"，是因为对于他那种人类学视野，这个术语提供了一种本体论的状态。马克思在他的《关于费尔巴哈的提纲》中反对这个关于"存在"的本体论的定义，他用社会变化的思想来代替。继承马克思在《关于费尔巴哈的提纲》中提出的思想，卢卡奇愿意运用短语"类存在"，只要"存在"不被认作是固定的，而是由人的能动性不断再创的某种东西。

由于设想社会主义革命使生产资料国有化也会结束阶级斗争，卢卡奇便不再把市民社会看作阶级斗争的衍生物。预想生产资料的集体化伴随着冲突迹象的消失，卢卡奇记述的是类存在与国家之间的相应性。他设想了主体与客体的统一，主张类要求的工作条件由社会或国家提供来获得，而类通过它的能动性变更这些已有的条件进一步造成社会和国家的改变。类与社会之间的这种新陈代谢的关系，是以需要和满足之间的相互影响为基础的。为了生存，类需要工作，而社会使得活动的条件是可接近于类的。当卢卡奇写到类与国家之间的一致性时，他在提供一种使公共人与私人相结合的基础。

新陈代谢的论点也为马克思主义政治学说的重新政治化提供了逻辑。马克思主义政治的目的，是市民社会的授权。马克思主义不是政治或国家的结束，而是人类社会制度中的政治权力状况，所以它将确切反映人类的利益。市民社会的授权这一概念，意味着政治权力的普及，意味着把政治权力置于社会制度中，这种制度最接近于类的需要，所以政治权力能确切反映这些需要。

马克思主义政治学说预想了市民社会、类存在和国家之间的差别。在马克思看来，政治的定义涉及权力的授予：政治是市民社会中权力授予的艺术，所以它最能表现人类的利益。马克思主义政治不仅涉及授权，而且必然涉及托管制度。马克思主义政治被导向允许市民社会托管政治权力。

人类学与解放

《民主化的进程》是马克思主义政治学说的一篇绪论，卢卡奇在政治的人类学前提的基础上开始他的思辨。政治思辨的基础是人类学，当卢卡奇把一种国家学说置于这些背景中，他便推翻了资产阶级政治思想的界限。

按照资产阶级的政治科学，人类首先是一种自私的生物，如霍布斯所说，处于"一切人反对一切人的战争"中。鉴于人所固有的自私性，自然权利是保护的界线。权利是对个人财产，或如洛克所说是对"财产权"的合法保护。卢卡奇的政治学说从完全不同的人类学的设想开始。卢卡奇不把人看作天生是自私的，他更倾向认为人类是团结合作地参与到群体生活中的。在资产阶级人类学按原子论方式思考的地方，卢卡奇的人类学按普遍方式思考，按类的所有成员共同具有的公共性思考。卢卡奇开始他的思辨，不是从法律上的禁令，而是从人性的观点、人的社会活动性出发，而首要的就是工作。卢卡奇认识到，人的基本的需要，不是权利或协议，而是实践，或有目的性的活动。卢卡奇从实践的人类学开始他的政治学说。

在《1844年经济学哲学手稿》中，马克思阐述了他的思想，认为人类活动是社会发展的基本动力。马克思主义体系由于人类实践而不断发展。卢卡奇的政治学说以人类活动为基础，他继承了马克思主义的实践学说。马克思主义政治学说必须是一种政治的实践学说，就是说政治必须被看作能增强人体整体潜能的制度。

马克思的《关于费尔巴哈的提纲》对卢卡奇有重大影响。与费尔巴哈的人类学的实在论（anthropological essentialism）相对立，马克思提出了社会现象学的两个原则：人类通过它的工作改变世界；类的"存在"是通过每一代人的工作，进行历史的再创造的结果。马克思《关于费尔巴哈的提纲》的第11条，是卢卡奇1930年以后所有著作的轴心，因为它包含一种作为卢卡奇的社会本体论的中心的思想，即人类创造自己的历史。卢卡奇也从《关于费尔巴哈的提纲》第11条学习到，只有通过人的活动才能改变历史环境：人的活动是历史发展的推动力量。

资产阶级的政治思想把法律的和政治的内容结合起来，卢卡奇的政治思想则把经济的和政治的内容结合起来。人类实践结合技术能力发展的增强，导致必要劳动的减少。在《资本论》第一卷里，马克思阐明了必要劳动与剩余劳动的差别：必要劳动是维持工人和社会的生存所需要的劳动，而剩余劳动则是在必要劳动之外的、资本主义制度下被资本家剥夺的劳动。随着人的劳动能力的增强和条件的改进，卢卡奇像马克思一样，认为有可能减少必要劳动，缩短维持工人和整个社会生活所需要的劳动时间。在社会主义制度下，剩余劳动可能消失，因为财产国有化了。虽然剩余劳动在社会主义制度下不再存在，必要劳动却继续存在，但耗费在必要劳动上的时间会减少。必要劳动的削减意味着每一个人有更多的时间致力于自身的发展。

卢卡奇谈到了必要劳动的减少和相应地增加个人愿意花费在自由王国里的时间。在《资本论》第一卷里，马克思第一次使用"自由王国"这个短语，它是指日常时间最大限度地由个人控制的社会。自由王国是一种财富，这种"财产"仅仅是属于个体的，他可以按照自己的意愿自由地决定它的用途。自由就是克服必然。解放包含着时间的转移：以往需要花费在必要劳动上的时间，现在能够由自己支配。自由王国和解放二者都是自决（self-determination）的表述：利用时间的可能性，从必要劳动中解放出来的生活时间可按照一个人自己的自觉目的来利用。

这种对个性的强调，也标志着对以前社会主义的高度集体主义思想的一种突破。传统的布尔什维主义，不论是列宁主义还是斯大林主义，都强调人的社会性对其个体性的拒斥。对人的社会性的强调，就是想把它作为克服资产阶级利己主义的手段。卢卡奇打破了社会主义教条的传统，而提出代之以自我发展的理想。卢卡奇认为真正的个性只能在社会主义中发展。在列宁和斯大林把个性看作社会主义的障碍的地方，卢卡奇把个性看作社会主义的最高要求。突破布尔什维克的社会性传统，卢卡奇对当代马克思主义政治学说增添了两个新命题：（1）希腊理想与社会主义的融合；（2）形成社会主义伦理学的个性部分。

马克思主义政治学说必须从估价社会环境的人的人类学见解中吸取灵感。在卢卡奇看来，政治就是一种社会管理，它导致增进人的生产潜能。政治必须纳入人化其世界的人的想象。如果政治因而成为人类学实践的一个分支，那么政治的如下定义是合适的：政治是实践的履行，这是导致实践推进的实践的表达。

费伦克·费赫尔在两本极富挑战性的著作中，认为共产主义的极权主义起源于把政治看作回答社会不平等问题的手段的历史时刻。在他的著作《冻结的革命：一篇论雅各宾主义的论文》（*The Frozen Revolution: An Essay on Jacobinism*）[57]和《对需要的专政》（*The Dictatorship over Needs*）[58]的一章"为什么对需要的专政不是社会主义？"（Why Is Dictatorship over Needs not Socialism?）中，费赫尔主张左派极权主义诞生于1793年，当时雅各宾派屈服于无裤党人（sans-culottes）通过政治手段使价格标准化的要求：经济问题被归入政治领域。

我不同意费赫尔的观点，因为我认为说社会授权会导向专制是没任何理由的。我对费赫尔的这些观点提出两点反驳：（1）左派极权主义并不起源于把经济归入政治，因为在巴贝夫派（Babouvist）的平均主义条件下，经济是被单独确定的。经济不需要像第二国际时期所做的那样，被确定为社会平均化，而是属于掌握生产资料，或在广泛意义上实

行与单纯"国有化"相对立的"社会化"。（2）左派极权主义并不起源于经济的政治化，而是起源于政治的经济化，起源于把政治归属于社会平均主义的事实。如果政治不是归属于社会平均化，而是被看作形成有关经济问题的社会决策的一种自主的形式，那就不会认为经济的政治化会不可避免地产生左派极权主义。决策形成过程服从民主协议，因而能挫败任何极权主义的干预，而同时赋予政治决策权就涉及人类所处的社会经济环境。如果政治被看作在市民社会授权的基础上的政策制定以及在政治过程中的代表权的话，它仅仅意味着在政治过程中，社会是被代表的而且是独立自主的，但并不意味着政治过程不能按合法程序履行职能，从而免除霸权党的任意控制。费赫尔的陈述是有缺陷的，因为他没有把过程中的代表和过程本身的协议区别开来。

公共和私人的统一

公共和私人相统一的思想，出现于卢卡奇的短语"日常生活"中。卢卡奇把城邦理想看作克服西方资产阶级的"市民理想"的途径。

迈哈德·普里尔（Meinhard Prill）在其具有建设性的著作《资产阶级社会中的日常生活和荷尔德林著作中的虔诚派思想》（*Everyday Life in Bourgeois Society and Pietist Thought in the Work of Hölderlin*）中阐述了卢卡奇如何像启蒙运动的德国人道主义那样，较多地关注资本主义制度下日常生活的片段。[59] 对于 18 世纪的德国诗人荷尔德林来说，日常生活是无中介的日常经验。日常生活是关于我们社会环境的直接的非反思的经验。在 18 世纪的诗人看来，自发资本主义条件下的日常生活，把公共与私人分开，创造了一种远离自我的公民，并且强加了审美的个性所不能忍受的一致性，因此荷尔德林转向作为一种政治组织形式的城邦理想，在其中人是一种和谐的统一。有鉴于 18 世纪德国人道主义传统把审美经验看作达到人的一致性的中介，卢卡奇以社会劳动代替艺术。荷尔德林梦想通过美和沉思来恢复一种和谐的人，而卢卡奇则期望通过相互合作的社会活动的手段产生和谐的人。像荷尔德林那样，卢卡奇回到希腊城邦的想象，向往一种和谐会代替疏远和物化的社会政治环境。

在往下的段落里，我将表明卢卡奇是如何重新定义民主的性质的：他定义民主是依据城邦制的观点，而不是依据托马斯·杰斐逊的观点和美国宪法。西方民主建立在"公民"的理想上，人是一种政治—法律的实体。卢卡奇想取代公民的理想，因为它是以人的二分为基础的，它把人分为"公民"（citizen）和"经济共同体"（homo oeconomicus）。卢卡奇看到西方文明中包含两种民主传统：一种是"权利"传统，它导向"公民"理想和资产阶级民主；另一种是城邦理想，卢卡奇想使它在社会主义民主化的形式中复兴，苏维埃在这里起着决定性作用。

卢卡奇对日常生活的认识，是依据个人实践与社会之间的相应性。卢卡奇关于工作的观念，是将之作为符合的手段，实现人与社会之间的统一：在一种相互需要中，工作把人与社会联系在一起。活动的人需要使工作条件成为可理解的，而社会则需要生产的人利用这些条件实现社会再生产。

在日常生活中，"直接的日常关怀"[60]是与"普遍的"问题[61]相联系的。需要一个社会主义社会的民主化的进程，会产生经济问题直接与政治争端相联系的状况。卢卡奇谈到在雅典市场讨论国家问题，就像人们处理他们的私生活那样。日常生活成为一种集会，在那里人们开会辩论比较重大的一般社会问题。

在公共与私人领域之间作为推动者起作用的社会主义社会中的制度，是苏维埃。它是在日常背景下推动普遍问题辩论的代表大会。苏维埃是直接民主的形式，是辩论政治争端的一种日常集会。卢卡奇为1905年和1917年苏联革命历史时期苏维埃的形象所感染，因为在这些革命进程中，苏维埃把日常生活与政治实践组合起来：在日常工作地点，它们是联合会，不仅激发工人们的要求，而且当工人们通过实践批判的革命活动路线时，它们作为战略中心起作用。

卢卡奇的政治学说把苏维埃与城邦结合起来。这样一种融合与卢卡奇对欧洲无产阶级地位的估价是完全一致的，因为他相信无产阶级运动能够成为古典人道主义传统的继承者。列宁主义的布尔什维主义与城邦一体化的融合，与卢卡奇给无产阶级赋予的地位是完全一致的：使希腊和18世纪德国人道主义的形式永存。

在卢卡奇看来，按照革命苏维埃的风格，政治必须变工作地点为公共辩论的会议。政治意味着人民的创造和日常的集会发生在工作地点，影响国家的议题就在这里发生争辩。按照这种方式，日常生活是与普遍的生活方式相结合的。

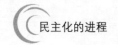

对于民主的重新定义

《民主化的进程》设想民主的继续发展只发生在社会主义内部。随着私有财产的消灭，民主只是作为一种历史事业而幸存下来。一个社会如果增强了人与社会之间、人的私有的和公共的生存之间的统一，那么这个社会就是民主的。尽管卢卡奇重新开放了社会主义中的个性问题，但在社会的生产资料方面，他仍然是一个集体主义者。在他看来，当一个社会增进了个人与他的类之间的完整性的意义时，这个社会就是最民主的。

民主也涉及经济。如果一个社会能带来必要劳动时间的减少，这个社会就是民主的。一个人只有远离匮乏才能是自决的，因为经济的束缚是自决的主要障碍。

对于社会主义的重新定义

卢卡奇突破了社会主义的经济主义的模式，提供了这种社会形式的一个德国人道主义的定义。社会主义是人的自我教育过程的一个阶段。卢卡奇按照黑格尔的《精神现象学》（*Phenomenology of Mind*）思考，这本书描述了意识变成自我意识因而自决的过程。黑格尔所描述的发展，是向着更高程度的自我反思（self-reflection）的运动：意识通过反思它自己以前的活动而学习它的能力，由于学习它自己的能力而走向自决。在卢卡奇看来，社会主义是社会教育过程中的一个阶段：通过把生产资料置于社会的手里，允许社会来决定掌握这些生产资料的目的。

卢卡奇重新定义社会主义的一个标志，是他对价值的重新陈述。斯大林主义的马克思主义把价值确定为劳动时间，主张一个客体的价值就是形成客体所用去的劳动时间。像对民主的历史主义的定义那样，卢卡奇也提供了一个关于价值的历史主义的定义。对价值的认识是随着所处社会的不同而变化的。一个社会是一个总体，它会影响整体中的各个特殊的部分。价值的两个定义反映了它作为部分的不同社会背景：（1）资本主义条件下的价值；（2）社会主义条件下的价值。

资本主义条件下的价值。劳动价值学说是一项资本主义的发明，体现在亚当·斯密和大卫·李嘉图的著作中。马克思受到这些经济学家的影响，尽管马克思自己后来作出了关于价值的历史主义的定义。马克思对劳动价值学说的关注，反映了他所生活的资本主义的环境。劳动价值学说中的利益反映了资本主义社会的利益，因为在工厂制造业的时代，劳动看起来是价值的唯一来源。斯大林主义的马克思主义继承了资本主义的价值定义。在苏维埃马克思主义中发现的价值定义，只不过是资产阶级经济学家发明的价值定义的一种庸俗的形式。庸俗经济学开始于斯密和李嘉图，而在斯大林手下完成。

社会主义条件下的价值。 斯大林主义的马克思主义设想在社会主义制度下不会发生剥削。斯大林主义的论断建立在劳动力是剥削的主要手段的思想基础上：如果劳动力剥削不存在，那么剥削也就不存在。按照斯大林的马克思主义，劳动力剥削的存在，是由于资产阶级的存在。如果资产阶级消灭了，劳动力剥削就会停止，因为不存在一个阶级来实现这种剥削。社会主义是一种不再发生劳动力剥削的社会，因为社会主义根除了资产阶级。

卢卡奇指出，在社会主义条件下剥削仍然发生。他意识到官僚政治如同资产阶级那样具有剥削性。的确，吉拉斯在《新阶级》中就第一次提出过这种论断，官僚政治是阶级，像资本主义那样具有剥削性。

卢卡奇能够透视斯大林主义的社会主义的剥削性质，因为他按不同的方式定义价值。价值不限于人的劳动，卢卡奇把价值定义为总的人的创造力。虽然东欧的社会主义没有根除剥削的一切形式，官僚政治的剥削依然存在，但它提供了重新定义价值的一种新的视角。由于生产资料掌握在国家手里，并根除了资产阶级，因此就有可能不单纯从劳动而是从更为普遍的方面定义价值。

作为历史发展中的一个阶段，社会主义社会中的价值意味着社会有可能允许在充分的范围内发展个人的才能。价值意味着人的创造性。从这个观点出发，教育和一种教育体系是价值，科学和科学知识是价值，技术是价值，因为它们都促进个人才能的展现。正如在社会主义条件下价值的定义超出劳动而普遍化了，在社会主义条件下剥削的定义也普遍化了。在资本主义条件下剥削意味着对劳动的剥削，而在社会主义条件下剥削则意味着对人的全面能力的任何方面的剥削。

关于社会主义的定义也经历了一个历史的发展。从 19 世纪资本主义的结构出发，社会主义被赋予了一种生产主义—经济主义的定义。从 19 世纪资本主义不能生产足够的商品分配给无产阶级这种经济匮乏的

结构出发，社会主义被确定为经济的丰饶。卢卡奇的定义克服了有关社会主义的经济主义的变形，社会主义被确定为能增长社会总价值的那种社会。卢卡奇提供了一个关于社会主义的人道主义的定义，因为它使古典人道主义的理想（人类是一种自在的目的）永久化了。人道主义的社会主义的目的在于提高社会生产率，使人类能够从对自然的依赖中获得解放，通过这种解放夺回劳动时间，使之作为自由时间而积累起来。

自由的概念也经历了历史的发展。在资产阶级社会，自由意味着私人决策从不被外在因素干扰，或者减少外部强制。在社会主义条件下，自由的思想转变成能发挥所有人才能的自由。自由就是要增加社会便利，允许发展人的内在能力。资产阶级的自由是消极的，直接反对外部力量；社会主义的自由是积极的，关注内在的自我实现。

纲　要

《民主化的进程》不是纲要性的文献，它不包含卢卡奇所希望的具体的政治改革的建议。卢卡奇所致力的改革是"列宁主义反对派"的表达，它们也成为苏联和东欧的改革运动的标志。我就以下的范畴来讨论卢卡奇所草拟的纲要：党和国家的分离；苏维埃的恢复；工会的恢复；新经济政策和恢复私有制；保持列宁主义的党；民主习惯的复原；社会主义民主和马克思主义政治学说的重新政治化。

党和国家的分离。卢卡奇要求党和国家分离，因为他希望把社会从党的控制下解放出来。正如我将在后面讨论保持列宁主义的党的部分所表明的，他不希望推翻专门的党的体系，但他希望其他社会制度从党的直接统治下解放出来。这种社会制度的解放类似于对这些得以恢复的制度的政治授权，因为党允许它们参与社会的决策过程。党和国家的分离，意在让失去生机的社会制度得到恢复，并且在社会决策过程中训练某些权威。

苏维埃的恢复。随着党对市民社会各种制度的专制主义控制的撤销，苏维埃就能够作为政治组织的一种主要形式出现。卢卡奇致力于共产主义社会的重新苏维埃化，社会通过苏维埃这种政治组织能够重新政治化。

卢卡奇把苏联的新经济政策时期看作改革东欧社会的一种模式。卢卡奇忽视了列宁已经毁坏苏维埃运动的事实，因而设想苏维埃在新经济政策时期仍然是有活力的政治制度。一个人对列宁主义的布尔什维主义的辩护或谴责依赖于他对新经济政策时期的估价。

工会的恢复。卢卡奇提到1920—1922年造成布尔什维克党分裂的关于工会问题的论战。列宁在他的论文《再论工会、目前局势及托洛茨基和布哈林的错误》(1921)和《工会在新经济政策条件下的作用和任务》(1922)中，清楚地阐述了他对工会在社会主义社会中的地位的态度。[62]在这次论战中，列宁反对以施略普尼柯夫（Shlyapnikov）为首的工团主义反对派和那些像斯大林那样的想使工会受制于党的人。列宁不是一个工团主义者，他不希望布尔什维克党放弃对工会的领导权，但他承认工会在党与社会之间起着重要的中介作用。列宁不是一个斯大林主义者，他不信奉专制主义党对工会的霸权，而把工会看作党与人民大众之间沟通的重要环节。卢卡奇想回到列宁主义对待工会的立场。

新经济政策和恢复私有制。在新经济政策时期，列宁允许小企业保留在私人手里，小农有自己的土地。被作为生产资料看待的财产——瀑布、油井、水力发电厂——是列宁主张国有化的生产资料，但他允许不影响总体社会价值的部分，如鞋店、面包店等，仍保留在私人手里。新经济政策是列宁对农民的某种政治妥协，它给内战之后的俄国带来了社会和平。这是一种补偿（quid pro quo）：列宁允许农民保留他们自己的土地，以换取农民政治上的支持。

《民主化的进程》不包含支持小企业或土地恢复私有制的直接的陈述，但卢卡奇反复称赞新经济政策，他相信它代表了列宁主义的布尔什维主义的最好形式，这使人推测他赞成那类不影响总体社会价值的非生产资料的私有化。

在写作《民主化的进程》的3年之后，卢卡奇的《一种生活的记录》(*Record of a Life*) 出版了。在这本书里，他表示赞成私有化和有效的市场的利用。他写道："马克思主义的原则：生产的民主改组（民主化与生产的质量之间的内在联系）。资本主义在特定的市场倾向内是有效的，但市场不能主要地调节总体生产。如果相信市场的这类因素能够沿着正确的民主途径引导社会主义生产，就会是一种幻想。"[63]

《一种生活的记录》也证明卢卡奇支持农民的土地所有制，这一点他在《列宁》和《布鲁姆提纲》(*The Blum Theses*) 中都是肯定了的。卢卡奇在1945—1948年匈牙利时期，即"新民主主义"时期，继续对

农民所有制作出贡献，那个时期他提倡小农占有物的私有化。在卢卡奇看来，无产阶级和农民的联盟为一种新的民主提供了经济基础，因为他在这种联合中看到了贫苦人民能在选举中赢得多数，而这种多数能够提供社会主义民主的政治权利。卢卡奇写道："实际上，后来历史的进程完全证明《布鲁姆提纲》的正确。因为匈牙利在1945—1948年正是我在1929年表明的工农民主专政的具体实现。当然，在1948年以后，斯大林主义建立了某种十分不同的格局……但那是另外一回事了。"[64]

"列宁主义反对派"这个用语必须扩大到包括所有那些赞成列宁的以小农所有制为基础的工农联盟政策的人，这种小农所有制是贫苦人民的民主的经济基础。在经济不发达的国家，工农联盟必定是多数，而在这个阶级基础上的民主必定同时是反对资本主义和拥护社会主义的。"列宁主义反对派"这个用语必须理解为因设想社会底层的多数会是社会主义者从而力求建立贫苦者联盟的那些人。这是为社会主义提供群众性支持的一种途径。卢卡奇支持列宁主义的"工农民主专政"的思想，再次表现出他反对斯大林主义，因为那时斯大林正开始实行他的要求土地国有化和剥夺农民的第一个五年计划，卢卡奇则为农民的土地所有权进行辩护。

保持列宁主义的党。卢卡奇不希望匈牙利实行多党制，他也不希望东欧建立资产阶级的议会制度。他希望保留一党制，并希冀共产党成为践行理想信念教化的组织。和列宁一样，卢卡奇也认为较高水平的意识来源于无产阶级的外部，必须把这种意识带给无产阶级。把先进意识带给一般居民的源头就是共产党。

卢卡奇赞成单一政党制度内部的民主化。他不希望在共产党之外的政党多元化，而是希望在共产党之内的观点的多样性。在这个问题上，卢卡奇又回到列宁主义的"民主集中制"的模式。1905年，在俄国社会民主工党塔墨尔福斯统一代表大会上，列宁建议实行党的民主改组，他在《论党的改组》一文中指出，在沙俄帝国1905年资产阶级民主革命胜利之后，俄国的马克思主义党不再是一个地下党，而开始从事内部的民主化。列宁相信，党以前的密谋组织性质歪曲了党的民主性，它必须经过一种民主的重建，来回应俄国的新的政治现实的挑战。[65]卢卡奇是列宁主义的民主集中制观点的拥护者，但他反对斯大林主义对这一原则的贬低。列宁的布尔什维主义保留了一党制，但是却接受关于党内竞选和意识自由的观点的多元化或论战。

民主习惯的复原。卢卡奇也对列宁的习惯概念采取了双重轨迹的分析。在《国家与革命》中，列宁把形成习惯的观念用作政治程度的代替物、民主的最极端形式的同义词。列宁已经使自己相信无国家和无政治了。这样他必须回答以下问题：如果既没有国家又没有政治存在，那么社会的职能按什么规则来履行？列宁的回答就是形成习惯，因为没有国家和政治，他只能主张人民通过训练而习惯于履行社会义务。习惯是通常的社会行为，它形成任何非必然形成的规则。

当卢卡奇把形成习惯评价为民主的一种极端形式时，他高度称赞它。《国家与革命》的一个方面，是它的民主的平民性，其社会的实际过程是归属于一般人民的。列宁希望展示博学的回答，即行为主义能履行社会协议所完成的同样的任务：行为主义能保证人民在没有政治压力的条件下履行社会职能。卢卡奇以民主代替行为主义，以政治学代替心理学。为了使社会能够达成集体的决定，他承认协议的必要性。

社会主义民主和马克思主义政治学说的重新政治化。《民主化的进程》是对民主和国家思想的一种形式—内容的分析。它证明，当民主和国家的形式改变时，民主和国家的内容保持不变。民主和国家的内容依据每个社会促进社会决策形成的程序和制度的需要程度。在最基本的层次上，民主普遍地与程序相一致，而国家与政治是促进那种程序的制度。通过对民主和政治的内容的透视，卢卡奇表明，这种内容必须是社会主义社会的一部分。社会主义社会是民主的另一种形式，但却是使民主能够扩展的一种形式。社会主义社会不是历史发展的最后的形式，所以它也需要政治体制的内容。《民主化的进程》指出，苏维埃的政治制度能促进社会主义条件下民主的激进化。

《民主化的进程》回到了马克思历史主义的方法。它不满足于把无国家或无阶级看作社会发展的末世学。无国家和无阶级的思想必须放置一旁，"政治的结束"[66]必须被取代，历史必须被看作民主化的连续过程。

一种保留了历史主义基础的马克思主义政治学说，可以按以下的方式来确定：创造新的政治制度，这种政治制度与变化着的历史—社会环境相适应，并且使民主的可能性激进化。但是，这种政治制度的再创造，必须经常在人的一种表达性的人类学见解中找到它的庄严的中心：

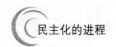

人类本身即是生产活动的产物，任何政治制度必须维护人的能力。

注 释

[1] 这本书是用德语写的，在布达佩斯卢卡奇档案馆保存的文本的实际标题是 *Demokratizierung Heute und Morgen*，按原义应译为《民主化的今天和明天》（*Democratization Today and Tomorrow*）。由弗兰克·本塞勒（Frank Benseler）编辑的联邦德国版本用的标题是《社会主义和民主化》（*Sozialismus und Demokratizierung* or *Socialism and Democratization*）。我以《民主化的进程》（*The Process of Democratization*）为标题，是因为它比较接近于民主的历史主义的性质，这是本书的主题之一。卢卡奇所关切的不是作为预言形式的民主或社会主义，而是作为过程的民主和社会主义。

[2] "导言 论对《国家与革命》的超越"最初写于 1988 年，即大约在东欧和苏联 1989—1990 年发生剧变的 18 个月前。"导言"的主题涉及卢卡奇对以《国家与革命》为范例的传统的列宁主义政治学说的改革。显然，由于 1989—1990 年的大震荡，东欧和苏联政治生活的整个面貌发生巨大变化，但为了认识卢卡奇与所有这些事件的关联，首先有必要回答他在国家学说方面与列宁主义的关系问题。卢卡奇的《民主化的进程》的主要目的，是建立一种新的马克思主义政治学说的原则，他是通过运用对民主和国家概念的形式—内容的分析，通过重申全部马克思主义政治学说的历史主义的基础来达到这个目的的。虽然他是一位列宁的赞赏者，但他结束了列宁主义对马克思主义政治学说的统治。由于这些是"论对《国家与革命》的超越"首先谈到的问题，我把它发表出来，同时也考虑到这些问题是使马克思主义国家学说能够有所推进之前必须加以解决的。至于思考卢卡奇对待戈尔巴乔夫的态度、他对待 1989—1990 年东欧革命的可能的立场的问题，则属于另外的单独的研究。

[3] Lukács, Georg, *Die Eigenart des Asthetischen* (Berlin: Luchterhand, 1963).

[4] 对卢卡奇与尼古拉·哈特曼、马丁·海德格尔的关系的精彩讨论，见 Nicolaus Tertulian, "Lukács's Ontology," in *Lukács Today*, ed. Tom Rockmore (Boston: D. Riedel, 1988), pp. 243-274. 特图利安（Tertulian）的描述与阿格尼丝·赫勒（Agnes Heller）、费伦克·费赫尔（Ferenc Fehér）对卢卡奇的解释相左。另一本著作考察了海德格尔和卢卡奇的相似和差异之处，见 Lucien Goldmann, *Lukács and Heidegger*, trans. William O. Boelhower (London: Routledge & Kegan Paul, 1982).

[5] Lukács, *Zur Ontologie des gesellschaftlichen Seins* (Berlin: Luchterhand, 1972).

[6]参见我的著作 *Dialogue Within the Dialectic*（London：Allen and Unwin，1984），尤其是 Chapter 5 "Hegelianized Leninism" and Chapter 6 "The Dialectic and the Yenan Way"。在这几章里，我使用了术语"列宁主义的布尔什维主义"和"斯大林主义的布尔什维主义"，以区别由列宁和斯大林所表述的布尔什维主义的形式。从时间顺序上看，"列宁主义的布尔什维主义"是指直到 1924 年为止出现于苏联的马克思主义的类型，而"斯大林主义的布尔什维主义"则暗指从斯大林上台直到戈尔巴乔夫（赫鲁晓夫插曲除外）的具有苏联特征的马克思主义的类型。

[7] Lukács, *Sozialismus und Demokratizierung*, ed. Frank Benseler（Frankfurt：Sendler Verlag，1985），pp. 131-136. 我在注释 [1] 里提到了这本书。在德文版里，本塞勒写了一篇编者的评注，其中描述了卢卡奇在《民主化的今天和明天》的写作期间与他的通信。另外关于这本书的有趣的评论，参见 Lukács, *A Record of a Life*, ed. Istvan Eorsi（London：Verso，1983）；Agnes Heller, Ferenc Fehér, Gyorgy Markús and Milady Vajda, "Notes on Lukács' *Ontology*," in *Lukács Reappraised*, ed. Agnes Heller（New York：Columbia University Press，1983），pp. 125-153。

[8] Ibid.

[9] Fehér and Heller, *Hungary 1956 Revisited*（London：Allen and Unwin，1983）.

[10] Fehér and Heller, *The Dictatorship over Needs*（Oxford：Basil Blackwell，1983），p. 290.

[11] Fehér and Heller, *Hungary 1956 Revisited*, p. 118.

[12] Ibid.

[13] 与阿格尼丝·赫勒的一次私人谈话中他对我说的话。

[14] Lukács, *Record of a Life*.

[15] Ibid. , p. 168.

[16] Ibid. , p. 129.

[17] Ibid. , p. 168.

[18] 在我的论文《论马克思主义政治学说的再认识》（"On the Repotentialization of a Marxist Theory of Politics," in *Praxis International* [July 1988]）中，我提出了对"政治"一词的多种含义较为充分的讨论。"政治"一词有几种含义，只有了解马克思那里"政治"术语的不同意义，才有可能了解马克思的政治思想。在这些意义中，只有一种与国家有关，假定对马克思来说，国家的结束就意味着一切政治的结束，这种观点就没有把握政治概念的其他含义。在马克思看来，国家结束之后，还有许多政治的职能继续着，只有把握马克思关于政治的多种含义，才有可能清楚地推论出国家消亡之后仍将继续的确切的政治职能。

[19] Marx, Karl, *Economic-Philosophic Manuscripts of 1844*, ed. Tom Bot-

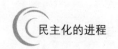

tomore（New York：McGraw-Hill，1964），pp. 63-65.

[20] 我写过关于《国家与革命》的乌托邦因素的文章，特别指向书中的无政治主义的设想。见我的文章 "Lenin's Utopianism," in *Studies in Soviet Thought* (June 1985)。在这篇文章中，我试图指出列宁关于政治概念没有一个合适的定义，我把这个问题称为"语言衰退"，而这就是他设想共产主义与一切统治消失同义的原因之一。

[21] 这个新词是我的创造。

[22] Lenin, Nicolai, "State and Revolution," in *Lenin：Selected Works* (New York：International Publishers，1967)，Vol. Ⅱ.

[23] Colletti, Lucio, "Bernstein and the Marxism of the Second International," in *From Rousseau to Lenin*, trans. John Merrington and Judith White (London：New Left Books，1972)，pp. 45-108.

[24] 查尔斯·贝特尔海姆（Charles Bettelheim）对威胁整个第二国际的经济主义的社会主义模式做过有见地的分析。见他的著作 *Class Struggles in the USSR：1917-1923*，trans. Brian Pearce (New York：Monthly Review Press，1976)。

[25] Lenin, "The Proletarian Revolution and the Renegade Kautsky," in *Lenin：Selected Works*，Vol. Ⅲ.

[26] Kautsky, Karl, *Die Diktatur des Proletariat* (Berlin：Dietz Verlag，1919).

[27] 列宁早年熟悉马克思恩格斯的大量著作。对列宁掌握的马克思恩格斯文献目录的确切范围，还从未有人作过探讨。这有必要进行探讨，因为它会揭示列宁在他的成长期有关马克思主义的知识。我作了一次认真的尝试，来揭示列宁对马克思恩格斯的著作以及德国社会民主党的知识的了解程度，见我的文章 "The Germanization of Lenin," in *Studies in Soviet Thought* (July 1988)，pp. 88-101。这篇文章的主要着力点是探讨德国社会民主党总体上对列宁的影响的深度。文章要说明列宁受德国理论的影响比以前认识到的要多得多，而以前的有关列宁知识发展的解释者强调俄国方面的影响过重，而对德国思想的渠道有所忽视。

[28] Lenin, *State and Revolution*，pp. 424-427.

[29] Ibid.，p. 424.《列宁专题文集·论马克思主义》，214～215 页，北京，人民出版社，2009。

[30] 列宁早期极力批评官僚政治，因为他把这看作沙皇统治的一种工具。罗曼诺夫王朝所利用的官僚政治，就是推进王朝的镇压政策的一种工具。关于列宁早期对官僚政治的谴责，见 "What the Friends of the People Are and How They Fight the Social-Democrats," in *Lenin：Collected Works* (Moscow：Foreign Languages Publishing House，1972)，Vol. I，pp. 129-332；"The Heritage We Renounce," in *Lenin：Collected Works*，Vol. Ⅱ，pp. 491-534.

[31] Lenin，*State and Revolution*，p. 428.《列宁专题文集·论马克思主义》，218 页，北京，人民出版社，2009。

[32] Ibid.，p. 475.《列宁专题文集·论马克思主义》，268 页，北京，人民出版社，2009。

[33] 哈尔·德雷珀（Hal Draper）是当今马克思主义思想著作最有觉察力的学者之一。关于列宁的"无产阶级专政"的含义问题，见他的 *The "Dictatorship of the Proletariat" from Marx to Lenin*（New York：Monthly Review Press，1987）。尼尔·哈丁（Neil Harding）是像德雷珀那类的学者之一，强调列宁思想中的民主倾向。他的著作是对理查德·派普斯（Richard Pipes）和亚当·乌拉姆（Adam Ulam）的著作的驳斥，他们把列宁解释成一个独裁者。

[34] 德雷珀有另一本论专政的著作，对专政概念的发展溯源于雅各宾派到布朗基（Blanqui）。见他的著作 *Karl Marx's Theory of Revolution：The "Dictatorship of the Proletariat"*（New York：Monthly Review Press，1986）。德雷珀对文献资料的掌握经常给人深刻的印象，他独具慧眼地捕捉别的学者忽略的术语或句子，使别的学者感到困惑。我发现自己完全同意他对马克思和列宁的见解，并且认为他的著作是受欢迎的，也是期待已久的改正由派普斯和乌拉姆提出的特卡切维安（Tkachevian）对列宁的解释。

[35] Lenin，*State and Revolution*，p. 461.

[36] Ibid.，p. 473.

[37] Polan，A. J. *Lenin and the End of Politics*（London：Methuen，1985）.

[38] Ibid.，pp. 473-474.《列宁专题文集·论马克思主义》，253～254 页，北京，人民出版社，2009。

[39] Ibid.，p. 474.《列宁专题文集·论马克思主义》，254 页，北京，人民出版社，2009。

[40] Ibid.，p. 478.

[41] Ibid.，p. 479.《列宁专题文集·论马克思主义》，267 页，北京，人民出版社，2009。

[42] Ibid.，p. 480.《列宁专题文集·论马克思主义》，267 页，北京，人民出版社，2009。

[43] Ibid.，p. 482.《列宁专题文集·论马克思主义》，267 页，北京，人民出版社，2009。

[44] Ibid.，p. 490.《列宁专题文集·论马克思主义》，271～272 页，北京，人民出版社，2009。

[45] Ibid.，p. 492.《列宁专题文集·论马克思主义》，272～273 页，北京，人民出版社，2009。

[46] Lukács，*Lenin：A Study of the Unity of His Thought*（London：New

Left Books，1970）. 诺贝托·波比欧（Norberto Bobbio）对第二国际政治学说的失败提出过某些深刻的见解。虽然我是独立于博比阿得出自己的结论，但他说过的许多东西是与我自己的看法相一致的，而且发现对一个人的结论的支持，总是愉快的。博比阿的著作值得研究，因为他也说明了社会主义与民主之间的关系，这是当代社会主义学说的中心。见他的著作 *Which Socialism?*（Minneapolis：University of Minnesota Press，1987）.

[47] Heller，"Lukács' Later Philosophy," in *Lukács Reappraised*，pp. 177−190.

[48] Kolakowski，Leszek，"Lukács or Reason in the Service of Dogma," in *Main Currents of Marxism*（Oxford：Oxford University Press，1982），Vol. Ⅲ.

[49] Lichtheim，George，*Lukács*（London：Viking Press，1970）.

[50] Zitta，Victor，*Georg Lukács's Marxism*（The Hague：Martinus Nijhoff，1964）.

[51] Lukács，Georg，"Brief an Alberto Carocci," in *Marxismus und Stalinismus*（München：R. Piper，1970）.

[52] Lukács，Georg， "The International Significance of Russian Democratic Literary Criticism," in *Studies in European Realism*（New York：Grosset and Dunlop，1964）.

[53] Bahro，Rudolf，*The Alternative in Eastern Europe*（London：New Left Books，1977）.

[54] 当代关于社会主义和民主之间关系的讨论，是 20 世纪 70 年代东欧共产主义运动的成果。诺伯托·博比阿在这个问题上的著作，必须看作东欧共产主义运动的一种表述，这在抵制多半属于过时的布尔什维克政治理论体系的社会主义思想方面是成功的。博比阿特别透彻地看到，列宁主义的 1917 年的革命策略终于成为布尔什维克国家学说的基础。见他的论文 "A Socialist Democracy?" and "Is There a Marxist Doctrine of the State?"，in *Which Socialism?*

[55] See Ferenc Fehér，"Lukács in Weimar," and Agnes Heller，"Lukács' Later Philosophy". 二者都出现于 *Lukács Reappraised* 中。赫勒和费赫尔二人都把晚期卢卡奇解释为从政治学退却到伦理学和美学。他们正确地指出 20 世纪 30 年代是卢卡奇一生的转折点，二人把他的晚期著作《审美特性》看作形成他1945 年后思想的中枢。"导言"中表述的观点，与赫勒、费赫尔的评价有分歧。赫勒认为卢卡奇是在写作一种"历史哲学"，费赫尔把他描绘为拥护一种魏玛式的"古典主义"，二人都认为他远离政治约束，放弃积极的"党人"作用，而从事一种伦理学和思辨美学的研究。费赫尔的论文《卢卡奇在魏玛》认为，《审美特性》断言主体和客体的统一只能在美学的经验中实现，我反对这种看法，因为它看来否认了卢卡奇1968 年的著作对参与政治的坚持。试图把晚期卢卡奇描述为退却到一种魏玛式的"古典主义"，在我看来，是与卢卡奇对一种活动哲学的研究以及他意识到人类存在

本体论总是以社会为根据的观点相违背的。与赫勒和费赫尔的解释相反，我坚持认为卢卡奇仍然是一个知识分子党员，一个知识界参与政治的成员，除非把卢卡奇的著作看作他对面临的政治形势的回答，否则就不能了解他的著作。即使在《布鲁姆提纲》之后，即使在被逐出匈牙利共产党之后，卢卡奇在 1930 年之后的著作有意识地反映了他所在时期的政治事件。以为卢卡奇是向魏玛式"古典主义"逃避，就会歪曲他在政治许诺方面的韧性。赫勒和费赫尔提出了对卢卡奇的一种唯心主义的解释，因为他们把他从他自己的"社会存在本体论"中分离开来，把他描述为一个康德主义者、某种研究"伦理民主"的人，或者某个逃避 20 世纪政治的严厉性而走向思辨伦理领域的人。

[56] Sziklai, László, *Georg Lukács und seine Zeit*（Wien：Europaische Verlag，1986）。西克来是布达佩斯卢卡奇档案馆馆长，在这本书里他采取了与赫勒、费赫尔相对立的立场，断言卢卡奇总是有党性的，我在"导言"中支持西克来的立场。西克来集中关注 1930 年以后的时期，表明卢卡奇在那以后的思想如何因反对法西斯主义和斯大林主义的斗争而得到发展。在卢卡奇反对希特勒的斗争中，他使自己与德国启蒙运动的民主传统联系起来。在卢卡奇反对斯大林主义的斗争中，他也与德国启蒙运动的人道主义传统联系起来。按照西克来的观点，卢卡奇的著作不能与直接的政治事变分离开来，而应当被看作一种实力、政治保证的力量。

[57] Fehér, *The Frozen Revolution*（Oxford：Oxford University Press，1988）。

[58] Fehér and Heller, *The Dictatorship over Needs*.

[59] Prill, Meinhard, *Burgerliche Alltagswelt und Pietistische Denken im Werk Hölderlin's*（Tübingen：Niemeyer，1983）。

[60] Lukács, *Demokratizierung Heute und Morgen*，p. 92.

[61] Ibid.

[62] Lenin, "Once Again on the Trade Unions, the Current Situation and the Mistakes of Trotsky and Bukharin" and "The Role and Function of the Trade Unions Under the New Economic Policy," *Lenin：Selected Works*，Vol. Ⅲ.

[63] Lukács, *Record of a Life*，p. 168.

[64] Ibid.，p. 178.

[65] 参见《论党的改组》，见《列宁全集》，中文 2 版，第 12 卷，北京，人民出版社，1984。

[66] "政治的结束"这一术语取自 A. J. 波伦的著作。我对波伦的著作写了一篇详细的评论，其中更充分地发展了我的批评意见，我的评论见 *Internationalwissenschaftliche Korrespondenz*（Sept. 1987）。

关于译文的按语[*]

卢卡奇争分夺秒地写作《民主化的进程》，他于 1968 年 9—12 月极其仓促地写成此书，显露出草成初稿的种种痕迹和不足。在写作这部未完成的专著期间，卢卡奇的创造力和生命力受到三个方面的逼迫。

这部手稿的写作，开始于 1968 年 8 月苏联扑灭杜布切克改革运动的一个月之后。卢卡奇知道他患了不可治愈的癌症，并将于 1971 年离开人世。由于认识到他的生命只能延续很短的几年了，在巨大的压力下，他想通过写作对苏联帝国主义作出某种回答。

由于想对捷克马克思主义改革的失败作出回答，卢卡奇被迫停止了《社会存在本体论》的写作。他在 1963 年完成了对马克思主义美学的修正，在他的本体论中也希望修正马克思主义哲学。为了写作《民主化的进程》，卢卡奇必须暂停他的本体论的写作——一项他强烈希望完成的项目。此外，卢卡奇极其希望完成一部伦理学著作。为了完成《民主化的进程》，卢卡奇必须中断《社会存在本体论》的写作，并且推迟写作他还没有开始的伦理学。在这些因素下，他加速进行《民主化的进程》的写作活动，就不足为奇了。

_____

　　* 此为英译本按语。——编者注

　　卢卡奇的年龄也是一个因素。他生于 1885 年，当开始写作这本马克思主义政治学说专著时，他已 83 岁。卢卡奇在他生命的最后几年里致力于马克思主义理论的革新。他进行冲刺，因为他不希望在实现马克思主义的复兴之前，让年龄或死亡挡住去路。

　　《民主化的进程》的最初的文本是粗糙的，有时几乎是令人费解的。这给译者留下艰难的选择：为了使它较为易读而消除原文中的缺陷，或者基本保持卢卡奇留下的文本的原貌，尽管它是粗糙的。译者的态度是，在陈述不妨碍读者理解的地方，就基本保持卢卡奇留下的文本的原貌。卢卡奇是 20 世纪最伟大的马克思主义理论家。他挣得了为自己说话的权利，考虑到他工作时所受的拘束，要改动甚至数量不少的在他卓越才华的正常水平之下的短语，也会显得专横。他能够有自己的独立见解。

　　译者感到，若能将文本展现为密切反映卢卡奇实际所写的东西，会向读者提供一种直观的感受。译文包括文本中某些残缺的部分，是让读者体验卢卡奇本人所经历过的东西的最佳方式，把卢卡奇关于马克思主义国家学说的思想在时间或死亡夺去他的才能之前公之于世，是十分紧迫的事。

　　由于这些原因，读者将发现文本中有两个地方，卢卡奇不自觉地在重复着。一处涉及对马克思的《论犹太人问题》的一个引证，另一处是对萨德侯爵（Marquis de Sade）的评注。卢卡奇两次引证马克思，两次评注萨德侯爵。译者留下了这些重复之处，读者将感受到卢卡奇在压力下工作的心境。

　　在《民主化的进程》中，卢卡奇使用了对女性具有性别歧视含义的词"人"（man）或"人类"（mankind），用来指人类（humankind）。他深受本身就含有性别歧视的德国古典人道主义哲学和语言的影响，但是卢卡奇是一位于 1968 年从事写作的东欧的知识分子，当时女权主义运动还处于早期阶段，在后来较为成熟的女权主义运动揭露这方面的问题之前，很难期望卢卡奇意识到语言上的性别偏见。译者决定保留卢卡奇文本中的带有性别偏见的语言。

　　卢卡奇有时注明有时不注明他的思想来源。读者得到的印象是，当引证对卢卡奇易于理解时，他就在注释中引出来源。但是，如果引证是不易理解的，例如它需要时间来查询，那么他就不会增添出处，也许是设想晚一点再增添。译文反映了这种情况，所以文本中的许多引证不带注释。

在原稿的结尾，所有的脚注都是用德文提供的。卢卡奇本人主要运用德文文献，所以这些来源是以原文提供的。为了保持一致，德文脚注习惯也被使用。德文词汇 Ebenda 相当于英文单词 Ibid（"同上"之意），德文字母 S 相当于英文代表页码的 P。

有关方法论的初步探讨

马克思主义最重要的因素，是把历史的发展动力归纳为一系列的阶级斗争，这吸引了但更经常的是排斥了大部分非社会主义的知识分子："自由民和奴隶、贵族和平民、领主和农奴、行会师傅和帮工，一句话，压迫者和被压迫者，始终处于相互对立的地位，进行不断的、有时隐蔽有时公开的斗争，而每一次斗争的结局都是整个社会受到革命改造或者斗争的各阶级同归于尽。"[1]除了总结性的陈述之外，这种历史观成为马克思主义支持者探讨社会学的一条指导路线。但不管是否察觉到，这一探讨社会学的思路是颇为抽象的，而马克思主义的敌对者发现，这样一种历史的解释令人难以接受。试图把每一种历史现象理解为绝对唯一的，在历史学说中排斥历史的规律性，这种看法遭到了反驳。这是有充分理由的。这样一种历史的特殊性和普遍性之间突出的对立，必然在理论的层次上导向非理性主义，而在实践的层次上则导向缺乏想象力的、空虚的"实际政治"（realpolitik），这种政治不仅妨碍掌握历史现实的社会主义的尝试，而且阻拦新实证主义（neo-positivism）所固有的社会操作倾向的实际运用。政治学说至少在表面看来受到自然科学的影响，从普遍的认识论范畴来观察，它已经习惯于考虑国家形式、社会力量和作为社会现象的各种趋向。

这种方法论的探讨将轻易地变得习以为常，如果人们一再设想从引以为荣的西方思想经典中找到对这种探讨的支持的话。比如，亚里士多德和卢梭就像是要证明我们的问题的这个方向，因为他们主张民主可以最恰当地界定为一种普遍的范畴。实际上，从 1917 年的事件发生和在此之后关于专政与民主的讨论，直到今日关于"极权主义和民主"的论战，在这些范畴的选择中，在特殊与普遍的对立中，绝大多数场合都是在寻求方法论根据。

我们相信，要使特殊的和决定性的东西相互对立的企图是没有事实根据的，这无论如何不是一种真正马克思主义的探讨。在经典的马克思主义学说中，特殊的社会历史现象和它们在决定论的规律中一般化，从来不被看作是矛盾的，相反地，两者被看作不可分割的统一。特殊的社会存在是一种社会历史范畴，是某种特定发展阶段的社会冲突内部能动的社会经济力量的矛盾相互作用的必然表现。从理论与实践的观点来看，对一种社会特殊性的特征的理解，与对一般规律性和社会历史决定论的洞察同样重要。对于实践来说，因为它只能在一种实际的社会历史状况中才能得到确证，因而对特殊的历史状况的恰当的理解，具有不可避免的优先性。抽象普遍性的操作者和拜物教徒们必然地犯错误，假如他们相信他们能够换来马克思的支持的话。这在马克思的《路易·波拿巴的雾月十八日》[2]中有着充分的根据，因为它直接显示出来，在一切阶段和阶段的发展中，国家和政府是按 1848 年革命在法国呈现的那些具体社会状况而发生变化的。对这些具体例证进行概括，马克思得出结论，由于每种经济构成同时是一种决定论的必然性和历史的特殊性的统一，上层建筑，我们这里所说的民主，必定与它们的起源和存在相似。由于这种原因，这里试图历史地看待民主（最好说"民主化"，因为分析本身首先涉及一个过程而不是一种状况），作为根植于当代经济构成的一种具体政治力量，这种经济构成已经不稳固并趋于灭亡。这里，像任何别的地方一样，非历史化会创造否定的拜物教，这种拜物教不是使具体的历史运动（和它们引起的社会规律）清楚地显示出来，而是使历史运动神秘化，并且进行伪装。在这些问题上，人们经常把民主说成一种固定的状况，而忽略了在当代条件的结构中应把民主看作能动的发展过程。然而，一种确切的图像只能形成于过程概念的运用。为了强调这种根本特点，我们准备用民主化的术语来替代民主的术语。

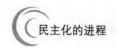

注 释

[1]《共产党宣言》，见《马克思恩格斯选集》，2版，第1卷，272页，北京，人民出版社，1995。

[2]参见《路易·波拿巴的雾月十八日》，见《马克思恩格斯选集》，2版，第1卷，579～689页，北京，人民出版社，1995。

第一部分

作为社会主义改革失误替代选项的资产阶级民主

第一章　民主及其多种经济形式

　　如果设想政治学说的最主要的理论家们，从亚里士多德开始，没有说明民主形式的多样性问题，那就会过于简单化了。但是，他们的观察、阐述和大多数价值判断，都不是从分析经济基础和作为政治上层建筑的民主之间的关系出发，而只是从自然主义的规定（比如国家的大小）或者合法的考虑（比如公民的地位）出发。按照这种方式，只能得出非常一般的范畴或评价，而对于民主多种形式的具体存在如何从原先的社会经济的发展中产生，便不会有足够的认识。对这些政治学说的重要理论家们而言，比民主起源问题更难掌握的是那些建立在某种特殊经济结构类型上的民主兴衰的知识。这些以往政治理论家们的任何关于民主特殊类型的思辨都还是抽象的概括，都还不可能作为"自由之物"、特殊的社会总体自我运动的反映来理解。

　　马克思是从社会生活的基本事实出发的第一人。尽管他提及数世纪之前的作为民主起源与规范形式而最具理论影响模式的城邦民主，但经济仍然是他的基本前提。"公社（作为国家），一方面是这些自由的和平等的私有者间的相互关系，是他们对抗外界的联合；同时也是他们的保障。在这里，公社制度的基础，既在于它的成员是由劳动的土地所有者即拥有小块土地的农民所组成的，也在于拥有小块土地的农民的独立性是由他们作为公社成员的相互关系来维持的，是由确保公有地以满足共同的需要和共同的荣誉等等来维持的。公社成员的身分在这里依旧是占有土地的前提，但作为公社成员，每一个单个的人又是私有者。他把自己的私有财产看作就是土地，同时又看作就是他自己作为公社成员的身分；而保持他自己作为公社成员，也正等于保持公社的存在，反过来也一样，等等。"[1] 由这种经济群体发展而来的民主的类型，不仅仅以人类存在和人类实践的一般形式为基础（这对每个社会都是有效的），而且与一种社会存在的具体形式相联系，在这种形式中，个体是积极的参与者。作为城邦的一个公民，城邦制民主的积极参与者，就不只是政治上层建筑的一种规定性的特殊范畴，城邦的每个个体公民是与社会存在的经济基础密不可分的。

这个结论对这种社会结构类型中人的整体生活有着重要意义。社会存在先于个人的私生活。所有公民的现实存在，他们在民主生活中的合作，是与特殊的经济结构密切相连的。随着这种经济基础的瓦解（生产力发展的必然结果），城邦制民主的存在和发生作用的能力就被毁坏了。政治上衰败的力量迫使这种受到高度尊重的光辉的民主模式（首先是雅典和罗马的古典模式）走向自身的消亡。马克思清楚地认识到这些经济上衰败的力量：作为这样一种社会基础的奴隶制。反对民主的斗争是在拥有特权的少数人内部结束的，而大多数积极生产的群众原则上被排除在民主斗争之外，就像被排除在社会生活的所有积极参与之外一样。

如果城邦的原始经济基础被超越，个体分配的相对平等也就被毁坏了。按照西斯蒙第（Sismondi）的分析，无产阶级在出现时依靠社会生存，而在资本主义条件下，社会靠工人阶级的消费而存在。在政治公社中，劳动、财产和成员之间的关系，城邦制民主的原则，在其起源上是社会组织的基本形式。按照马克思的观点，早先的人生活在氏族中，部落成员成为财产所有制的条件。开始时，马克思把氏族成员与财产关联的消失称为"自然屏障的退缩"。这种民主的希腊形式的消失，正是经济进步的结果，也是典型的人的品质文明化的成果。处于这个历史发展阶段的个人，还没有获得一种现代"独特的"身份。城邦里的公民，采取配给制，属于部落成员——这些就是他生存的社会经济条件，因而也是他的身份的本质特征。城邦制公民私人生活的次要性是由于这样的事实，即人的生存和个人的发展，是与完成一个人的政治义务同义的，是与他在这种民主形式中作为一个政治主体的职能相符的。

就政治意识而言，伟大的法国革命代表了近代资产阶级民主的古典形式，它在很大程度上受到希腊理想的影响。然而，从社会经济上说，却正好相反。在关注这种矛盾时，马克思同时强调，自由和平等，作为近代民主表述的重要思想模式，能够接受极为多样的公式。自由和平等是由社会经济条件决定的，它们不是什么理想化的结构。"平等和自由不仅在以交换价值为基础的交换中受到尊重，而且交换价值的交换是一切平等和自由的生产的、现实的基础。"[2]

尽管存在这些固有的矛盾，但法国大革命时期自由和民主的实际确认意味着人类社会历史的巨大进步。现实的人的社群性，人的类存在的客观现实基础，以对自由和民主的确认而存在。被设想为社会存在的自然障碍的政治范畴受到了否定。通过社会斗争，这种取消直接发生于它的近代形式中，反对把法国社会划分为存在于和来自封建主义的等级。青年马克思把封建制度称为"不自由的民主"，指出这种社会的矛盾具有"一种直接的政治性质"，其中"市民生活的要素，如财产、家庭、劳动方式，已经以领主权、等级和同业公会的形式升为国家生活的要素。它们以这种形式确定了个人和**国家整体**的关系，就是说，确定了个人的**政治地位**"[3]。

法国大革命从根本上摧毁了整个封建结构，这样做时，它就在历史上第一次完全以社会学的方式揭示了国家与市民社会之间的关系。马克思正确地指出，法国大革命的历史使命就是在封建制分崩离析的废墟上建立一个单一的国家。无论何种资产阶级的分类，政治生活都成为一般公共利益的主体。历史上人类理性第一次在社会生存的计划中被看作最可信赖的设计师，结束了关于"理性王国"正确目标的长达一个世纪的争议。

然而，正如恩格斯后来正确表述的，这种"理性王国"事实上是理想化的资产阶级的王国。理想化不应被理解为对一种政治—意识形态的批判，而是对现实发展的社会结构的一种客观科学的评价。在上面引述的有关整个社会结构的转型的理论性探讨中，马克思指出，国家通过推翻封建主义作为一种理想的化身而兴起，也因此确立了政治生活与"市民社会的唯物主义的完成"[4]之间的矛盾。他认为国家与市民社会的这种矛盾的统一、社会生活和每个个人生活中理想与物质性的矛盾的统一，是理解记录这个转变的文件，亦即法国大革命宪法文本的关键。

这些文本从人（资产阶级）与公民（citoyen）的相互对立出发。公民意为公民（citizen）的理想化，其是与社会经济存在相联系的一切物

质纽带的分离，而人（man）则是资产阶级社会的一个成员。马克思也强调，在这种不可分割的个别统一体内部（在每个公民都是资产阶级的前提下），革命宪法使公民成员的地位因依赖于所谓人权而降低。如此，这些宪法隐约地承认了物质性的具有生产力的（私有的）人的社会地位高于理想化的公民。

同时，这些文本清楚地描述了这一资产阶级的民主形式在人类的重大发展过程中的地位，在谈到资本主义社会所创造的具体的个人的社会地位时，马克思说，"这种自由使每个人不是把别人看做自己自由的**实现**，而是看做自己自由的**限制**"[5]。那是资本主义基本的社会现实：利己主义的因而只是片面的、局部的人，成为现实社会实践的主体。同时，作为这个发展阶段的必然组成部分，人的类的性质，与早期较少社会化的构成相比较，也达到了一种客观上较高的社会水平，这表现为资本主义条件下发生的劳动的社会化。因此，这种类的性质，人的现实生活中相互协作的关系，在马克思生活的时代的分工协作的工厂中发展，表现为"和人的物质生活**相反**的一种**类生活**"[6]。

当然，在法国大革命暴风雨式的大变动中，一切都被表现得比后来文学作品中平淡乏味的叙述更具悲怆之情。自文艺复兴以来，对于古代城邦制民主理想的反复引申，是这种革命激情的典型特征。这不是什么文学或心智的怪癖。马克思认为，使英雄主义成为日常生活的一部分，这对法国革命来说是必要的。革命中的重要角色需要理想，甚至自欺欺人的行为，"为了不让自己看见自己的斗争的资产阶级狭隘内容……把自己的热情保持在伟大历史悲剧的高度上"[7]。这种历史的热情，经常导致对希腊式民主和资产阶级民主二者作出历史性的错误的认同，从而表现出对其种种社会矛盾的无意的无知。然而，革命获得了胜利，并且开始了一个现实的过程，在这个过程中，资产阶级民主的现存范畴成为在资产阶级国家与文明二者中占统治地位的形式，作为象征而显赫一时的城邦在社会现实下黯然失色。甚至在革命胜利之后，当这些古人的梦想被用作一种具有合法性的手段时，它们更像是有意的骗局。希腊城邦制民主中小资产拥有者所赖以生存的社会经济条件是永远都无法复现的。它的社会存在和商品交换或资产阶级的自由与平等没有什么共同的东西。资产阶级生活的社会存在，以及商品贸易世界的政治含义，就体现在近代资本主义国家的上层建筑中。

注 释

[1]《马克思恩格斯全集》，中文 1 版，第 46 卷上，476 页，北京，人民出版社，1979。

[2] 同上书，197 页。

[3]《马克思恩格斯全集》，中文 1 版，第 1 卷，441 页，北京，人民出版社，1956。

[4] 同上书，442 页。

[5] 同上书，438 页。

[6] 同上书，428 页。

[7]《路易·波拿巴的雾月十八日》，见《马克思恩格斯选集》，2 版，第 1 卷，586 页，北京，人民出版社，1995。

第二章 资产阶级民主化的必然发展趋势

至此，我们还只是指明了希腊与资产阶级民主形式在经济基础上的矛盾之处。与当代一些流行的理论相对立，社会结构不是静止的因而与历史原则相反，事实上，发展是每种社会组成的固有的特质和首要的动力基础。我们已经看到，城邦制民主中配给制所有者的平等如何被生产力必然的经济发展所破坏。现在让我们看看资产阶级社会的动态发展趋势是如何在中产阶级社会的物质性与国家的理想性的矛盾之中展开的。

资产阶级社会基本的动力特征就是它使得这种社会组成的每个部分都隶属于它自身的趋向。与所有对这个时期不带偏见的和准确的观察者相一致，马克思描述了人对资本主义社会及其社会机构和现实上层建筑的影响，他说："资产者对待自己制度的规章就像犹太人对待律法一样：他们在每一个别场合只要有可能就违反这些规章，但他们却要所有其他的人遵守它们。"[1]

从历史的视角看，这种一般的行为模式没有什么奇怪的。在任何社会形态中，国家的职能都是充当以斗争方式解决阶级冲突的思想武器。当城邦制公民阶级收购了贫民阶层的全部财产，他们也瓦解了均分制的群体，从而引发了对城邦制民主的破坏，尽管他们最初的意愿并非如此。尽管这种活动逐渐削弱了城邦制民主，但正如马克思和其他人所认识到的，它反而促进了资本主义的经济发展，同时也带来了与正发展着的经济基础相适应的上层建筑的进展。在社会本体论的基础上，民主国家必须保持它的理想特征，但民主国家是一种有效的工具，并逐渐适应人的经济需要。国家被有影响的集团操纵，同时这些有影响的集团的意识形态被看作一般的社会规范，这种事实并未改变资本主义国家总的适应性原则。我们的研究将只思考那些具有足够力量引起经济基础转变的社会运动，正因为经济基础对政治上层建筑的动态的决定性关系，因而它可以塑造国家的形态。那些既想追随这种社会转型运动又不想对其盲目崇拜的人，也许永远不会忘记这种群众运动只是综合了个人与公共行动之间的一种特殊类型。马克思对个人行动意义上的群众运动的描述，以及他认为的对群众运动的偶像崇拜是以曲解人的类存在（直接的个人：他与他的同伴的关系）的意图为基础的观点，有着深刻的社会本体论理由。

虽然，按照形式逻辑或认识论的观点，这可能显得很矛盾，在资本主义的社会生活中，对于推进物质主义—利己主义的趋势的完全胜利，上层建筑的理想性被证明是最有效的手段因而获得了历史性的成功。在这种情况下，无怪乎法律的抽象的形式主义得以繁荣发展并受到最高尊崇。回到我们最初的问题，同样，如果当今最先进的政府的政治形式同时也是完全征服利己主义—资本主义的个人利益的最合适的工具，显然也不是巧合。这个过程是在公共利益的理想化了的口号下伪装起来的。资产阶级代议制度自身与社会现实生活相分离。议会制乃是这种政治理想的决定性的、典型的实现，它越是被作为人民主权的完善工具而被确立起来，便越是成为证明资本主义组织利己主义利益合理性的最合适的工具。议会政治通过把"不受限制的自由"和"平等"等术语进行伪装而达到此效果。或许"伪装"一词不完全正确。它所建立的不单纯是自由和平等的"伪装"，更确切地说，是它的经济本质，即资本主义商品交换的现实观念。

自17世纪和18世纪的伟大革命以来，政治生活被纯粹的议会政治的形式要求（即普遍而平等的投票选举权）连同它的权威立法和资产阶级控制所驱动。这些斗争的某些方面不要求过多的讨论，比如那些反对封建等级制的残余方面：它们属于过去，至少在资本主义国家范围内是如此。看来更重要的是关注这样的事实：试图引入一种民主的决定性步骤，这种民主把伟大的革命看作群众运动的结果，而这种群众运动必须被理解为对"纯"议会政治的民主的校正。平民的激进的民主、英国革命时期服务于克伦威尔军队的群众、巴黎地区的平民革命，是压制议会的。他们必须解散并毁坏议会，目的是创建能够表达劳动人民现实利益的组织。英国的"光荣革命"、（法国）路易·菲利普的政府以及随后的第三共和国都能够排除这种"未被授权的"（unauthorized）干扰，保证议会按照主要资本主义集团的利益来确定自由与平等。然而，人们也许不会忘记，在危机时期——提一下德雷福斯事件（Dreyfus Affair）就足以说明问题——虽然是以一种微弱的形式，但在政治的地平线上出现了平民民主干预的可能性。民主平民主义和议会自由主义之间的这种对照，在 19 世纪的政治理论中证明了自己。没有必要去强调议会自由主义的几乎无可争辩的胜利。

注　释

[1]《德意志意识形态》，见《马克思恩格斯全集》，中文 1 版，第 3 卷，195 页，北京，人民出版社，1960。

第三章 当今资产阶级民主

　　我们这里的任务，不是就议会政治与平民民主的干预之间的对照作出具体的评论。这里只能涉及基本的趋势，马克思在法国大革命中已经为它们找到了证明。这些趋势往后在发达资本主义社会中取得了不受限制的支配力量。近年来人们习惯于把自由称作资本主义内在力量无可争辩的胜利的结果。资本主义从开始到现在的发展中，经历了许多质的变化，这些变化引起了它的政治上层建筑的各种变化，产生了资产阶级民主的自由，这是再明显不过的了。可是，在马克思主义的意义上，资本主义的基本结构并没有本质的变化。相反地，我们必须说，在它的发展进程中，它的生命的内在本质及基本特征，现在只是以更为尖锐集中的方式发挥作用，而这在它充满幻觉的革命的开端中就被认为是可能的了。

　　因此，我们讨论资产阶级民主及其对自由概念的操纵，必须以具体体现当代资本主义特性的内容和形式为基础。一个政治家或政治理论家，带着抽象的理论观点，的确可能让人迷惑于他能想象一种原先的或乌托邦的自由的形式。如果他的努力要有任何现实的实践意义的话，这些努力就必须与当代资本主义经济的现实相适应，这种经济的现实正是政府的合适的形式的基础。对于那些把资产阶级民主看作当代社会主义的一种现实替代品的思想家来说，这一点尤为如此。他们想要表明，从辛辛纳图斯到卢梭，从克伦威尔到罗伯斯庇尔存在一种延续性。然而，现实证明在当今的社会政治条件下，只有尼克松或施特劳斯所定义的资产阶级民主才是可能的。在后文中我们将回过来讨论这种对社会主义民主的广泛拓展的冒充替代选择的必然结果。但此处，我们有必要扼要地指出现时的绝对存在的优先权，以区别于向往的和有吸引力的过去。

资本主义经历了几个世纪的发展，其顶点便是当代资本主义。当代资本主义由社会操纵技术所支持，确立一种占支配地位的帝国主义，是一种设计和调整的社会组成。我们十分了解这一事实，即按照受尊敬的现代研究家们的标准，它是一个整体的突破，是不用加引号的像帝国主义或殖民主义的术语。由于当今是一个意识形态相冲突的时代，因而我们与19世纪一样都具有普遍否决权。所有今日的社会科学，在意识形态上都是紧张的，都有着共同的目的，即要表明当今时代高于并且在质上不同于先前的时代。这便是"多元"社会这一术语对"极权主义"的补偿，以及构造命题（即法西斯主义和共产主义二者皆起源于某种共同的精神遗产）并广泛宣传于全世界这一意图产生的原因。消费品和服务工业的日益资本化，无产阶级作为商品购买者的中小资产阶级习性，都被用来证明无产阶级能够非革命化，并且剩余价值学说是值得商榷的。事实上，马克思的剩余价值学说没有被证明不正确，只不过相对剩余价值形式代替了绝对剩余价值形式。马克思不仅预言，在技术先进的资本主义社会，相对剩余价值的增长超过绝对剩余价值，而且指出，在资本主义的范畴下，这个过程本身只是由生产的形式分类决定的。所以，先前时代所有阶级斗争的痕迹都消失了，在现代工业社会部分地是由于这样的事实，即社会民主主义者为了成为国家权力机构的参与成员，经常完全背离马克思主义。斯大林主义和后斯大林主义的共产主义理论与实践在这些发展中所起的作用我们将在后文予以讨论。无论如何，现今的工会几乎都表明集体社会民主党更加左倾。另外，偶尔发生的大罢工表明，经济的阶级斗争并没有完全被放弃。尽管迄今存在的殖民地的解放被解释为旧殖民地的剥削与压迫的各种痕迹消失的证明，但实际上，美国的每一种新政策，除了公开否认殖民主义之外，本质上不过是旧政策在新技术手段的伪装下继续罢了。按照沃伦·黑斯廷斯（Warren Hastings）德国帝国主义等的基本传统，不仅是最反动的阶级靠经济和军事等手段的支撑来统治第三世界，而且在不发达地区改革自由资产阶级部分的任何企图，都会受到残酷镇压。这些通过外国干涉而创立统治形式的事实，都被资本主义的宣传机器贴上"自由"的标签，这一事实并不能掩盖西方帝国主义的连续性，只要看看圣多明戈、印度尼西亚和越南的情况，就能够清楚地明白这一点。

我们试图指出资本主义固有的社会经济趋势和它们在人性方面以及国内和国际的后果。在这个方面，我们利用类存在问题的作为证据说明这种人类社会发展的原则在资本主义与早期社会相比较造成的更复杂的阶级斗争中采取的新形式。马克思强调人的类生活与他的自然生活处于矛盾中。为了理解这种论述的核心理论—实践意义，我们必须涉及那些在马克思的唯物主义的概念建立中起决定作用的问题。在《关于费尔巴哈的提纲》第 6 条中，马克思批评费尔巴哈对人的本质的理解，断言"人的本质不是单个人所固有的抽象物，在其现实性上，它是一切社会关系的总和"。由于费尔巴哈不了解人的本质与社会关系的现实总体之间的联系，人类生存起源于社会关系的发展中，所以他不得不"撇开历史的进程"，并假定出一种理想化的孤立的人类个体。于是他对人的本性的理解只是作为一种类：作为"一种内在的、无声的、把许多个人纯粹自然地联系起来的普遍性"。

费尔巴哈的类的观念缺乏任何现实的社会—人性的内容，像每个纯粹逻辑—认识论的范畴一样，它必定保持抽象和"无声"。马克思表述这种情况是仅仅把费尔巴哈的"类"看作与有机自然的领域相关，这里它能被理解为"一种内在的、无声的、把许多个人纯粹自然地联系起来的普遍性"[1]。人向他的社会本质、他的现实的类存在的变化，发生在历史过程中，正好克服这种无声。

马克思自己满意于这种格言式的对照，因为从一开始，他就尽力把类存在解释为由社会学条件所铸造，不再是抽象的因而也不再是无声的。甚至像我们的出发点那样，认为在资产阶级社会，人的类生活与他的物质存在相矛盾，设想了个人与类之间的一种基本的因而也是社会历史的相互关系。在《1844 年经济学哲学手稿》中，这个命题得到了另外的极度重要的具体化："首先应当避免重新把'社会'当作抽象的东西同个人对立起来。**个人是社会存在物**。因此，他的生命表现，即使不采取**共同的**、同其他人一起完成的生命表现这种直接形式，也**是社会生活**的表现和确证。"[2] 显然，作为结果而产生的个体与类的统一不是自然

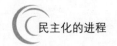

的恩赐，而是社会历史过程的产物，在生活的自然主义范畴不再存在之前，需要克服和越过许多障碍。这些自然主义的障碍阻止人与类之间统一的发生和具体的发展。社会必须从根本上社会化它自身，阻止社会化生活的物质障碍必须推掉。为了使人的类存在成为现实，人必须超出他所发源的动物生活而出现。资本主义在经济领域实现这个过程，通过经济通向社会的总体性。

在总的过程中没有设想任何类型的目的论，历史运动导向社会化的人的出现，是因果关系的必然。尽管一种真正社会化的人会在资本主义社会展开（它本身也是人的类存在的一种发展），但同时，这是一个只能通过内在的不可分解的矛盾保持进展的社会。由于经济的必然性，在这一社会中人自身不能把自己提升到真正的类存在及本质的人的存在。我们上文强调了使类生活与每个个人的物质生活以及与整个社会相分离的矛盾。人的类存在前进到某种程度，这些矛盾便被瓦解于社会的特殊和总的经济过程中，并由类的普遍性所代替。"社会"意味着由人类创造的人的相互依赖，而它在今日资本主义达到的这种实践和技术的现实化的高峰之前从未如是。同时，资本主义又是矛盾的，因为那些客观地生产和再生产这种物质所依赖的社会经济力量，并不创造人与人之间的完全的联系。恰恰相反，它创造人与人之间的分离。个人的自由既是社会的前提又是社会的产物。"使每个人不是把别人看做自己自由的**实现**，而是看做自己自由的**限制**。""自由这项人权并不是建立在人与人结合起来的基础上，而是建立在人与人分离的基础上。这项权利就是这种分离的**权利**，是**狭隘的**、封闭在自身的个人的权利。"[3]

用"限制"（limit）一词来表现人的相互妨碍这种活动的特征是一种温和而含蓄的描述。霍布斯曾残酷地描述为"人与人像狼"（homo homini lupus）。与之肯定不一致的是，马奎斯·德·萨德（Marquis de Sade）近来被作为这种向"个人权利"转变的一位主要思想家而被人们引证。对德·萨德来说，性在纯生理学意义上是个关节点。对于德·萨德的理论来说，重要的是性行为不是关乎两个人的共同生活的一种合作行为的事情。在他的著作中，男人并不把女人看作人的存在，而只是单纯的客体。尽管有各种夸大的说法，这种主张所固有的真实性，又在康德关于婚姻的定义中表述得很明白。康德把德·萨德玩世不恭的利己主义翻译成资本主义经济学的语言、商品交换的语言。康德说，婚姻是

"性别不同的两人一生相互占有性器官的一种协议"[4]。

那个既是主体又是客体，决定个人与社会、包括社会前提与后果的范畴，便是占有的范畴。在这一点上，马克思说："私有制使我们变得如此愚蠢而片面，以致一个对象，只有当它为我们拥有的时候，也就是说，当它对我们说来作为资本而存在，或者它被我们直接占有，被我们吃、喝、穿、住等等的时候，总之，在它被我们**使用**的时候，才是**我们的**……因此，**一切**肉体的和精神的感觉都被这**一切**感觉的单纯异化即**拥有**的感觉所代替。"[5] 如果设想这些在经济和人的术语中普遍的资本主义的社会范畴会在 19 世纪末消失，那是极为荒谬的。恰恰相反，这些范畴在 20 世纪的工业社会中达到了它们的顶峰。马克思在约 150 年前首次提出了这种异化形式学说。当代经济、社会和人的异化关系，在 19 世纪仍隐藏于经济生产率问题的背后，在今天则已成为普遍的、社会—人性的问题，这并非偶然。马克思已经指出，这种异化的普遍性使剥削者和被剥削者都受到损害。但是，只有到今天，这些资本主义的社会后果才被看作一般人所关心的问题。这表明马克思的发现，即资本主义决定了人的生存的多种方式，仍然广泛而集中地控制了人类生活的总体。当今资本主义不是一种超越，而是一种顶点、一种传播、一种存在至今的性质的深化。

按照我们有关民主化问题的观点，应当如何解释当代资本主义呢？从表面上看，民主化是资本主义的完善，也是资本主义在普遍意义上的展开。然而，什么是它的继续巩固和拓展的新的社会内容呢？从表面上，直接的力量是已经成为完全资本主义的市场的微妙的操纵。广告蛮横地劝导群众接受媒介的帮助，已经成为政治"启蒙"的方式。（当希特勒注意到，一种好的奉承广告就像政治宣传的范例时，他已经清楚地懂得这一点。）要说希特勒与资本主义广告之间存在直接联系是不可能的，事实上两者之间有着严格的区别。希特勒的政治宣传明显是意识形态的（在此不需要提及它的内容和诊断的性质）。在战胜希特勒之后的冷战时期、政治"压低"时期的政治生活，发明了一种非意识形态化（de-ideologization）的意识形态，作为对抗极权主义（首先意指社会主义）的一个武器。我们不必讨论这些希特勒和资本主义政治武器的内在不稳定性和自我矛盾。在把这种非意识形态化的意图称为一种意识形态时，我们已经回答了这个问题。按照马克思的意思，每种意识形态都是

服务于以斗争方式解决社会经济冲突的手段，而每个阶级社会必然生产这种冲突，离开了这些体现于持久的意识形态斗争中的社会经济冲突，它就不能发挥其职能。不过，即使在其基本自我否定的上下文中，术语"非意识形态化"也有一种具体的含义：市场需要被进一步确定为普遍的模式。每一个人都能在政治生活中行动，在选举中投票，等等。以同样的方式，他被迫行动，在广告宣传的帮助下，去"自由"购买据称是最适合他的消费需要的商品。在涉及市场时，我们给"自由"一词打上引号。受到操纵的资本主义社会关系和消费必然发展于其中的威信，使得"自由"的观念充满问题。微妙的操纵正在于这样的事实，某种商品的获得使买者认为，他们买到的东西是一种自由选择甚至是他们个性的表现，但是，他们以这样的方式受骗了。

对公共生活理想中的公民参与来说，这种操纵的原则是容易被采纳的。资本主义的动态，其开头就有参差不齐的矛盾，必然使人的关系向他们自身的社会制度转变。作为这种转变的结果之一，资产阶级唯物主义成为占支配地位的思想气质。依据上文的讨论，马克思在单个人的实践上表述这种资本主义关系的作用："资产者对待自己制度的规章就像犹太人对待律法一样：他们在每一个别场合只要有可能就违反这些规章，但他们却要所有其他的人遵守它们。"这种利己的行为模式在社会上必然的普遍化，导致公民的理想世界在实践中逐渐成为资产阶级利己主义的一种单纯的工具。显然，并不是每个利己主义的行为都接受资本主义制度下的法令。资产阶级社会的阶级斗争造成整个范围一系列的差别和变异，从特定资产阶级行为方式的禁令，到心照不宣的接纳、直言不讳的忍受，或者对个别违反法律行为的特殊形式的认可。这种变异的范围反映了尽力使之普遍化的一批复杂的力量。至于我们这里是涉及立法本身，还是只涉及行政的趋向，即对法律的解释，这个基本事实本身是居于次要地位的。问题在于对这种资产阶级社会利己主义的唯物主义渗透在自由和平等的理想领域的普遍性，要有一种清楚的理解。

在这一点上，对这种渗透的具体而极为精致的过程提供详尽的分析，不是我们的目的。唯独重要的是需要指出，人们从来没有对自由和平等的理想形式提出疑问。我们宁可说，这些形式成了资产阶级利己主义利益进行阶级调整的单纯工具（美国等国家以各州规定的自主权的名义来维护"有色人种"的人民互相分离的合法性）。自由与平等决不消失在过程中，而是在它们日益空虚的形式中逐渐填充着资产阶级的利益和内容。自由与它的本质的原始理想（和幻想）联系得愈少，对自由的空虚偶像的颂扬就愈多。重要院外活动集团的利益对日常生活的控制愈多，作为宣传舆论的引导和顶峰时刻对这种偶像赋予的颂调也愈高。非意识形态化作为意识形态的一个实际的代用词，如同对自由概念的意识形态的颂扬，变得空虚，形成一种现实的因而也是智力的矛盾。然而，非意识形态化和对自由的意识形态的颂扬，在资本主义条件下是实践的互补原则，虽然它不只是这种抽象思想层面上的系统阐述。

　　为了使它不致从意识形态的作用和社会的可靠地位陷入空洞的术语兜售，对自由的偶像迷信要求社会强有力的领导机构并且加以实施，中央情报局（CIA）是帮助最重要的垄断者集团达到他们的目的和生命攸关利益的实施机构，是中情局最终在美国的部分地区——从南美到越南，产生"自由的保卫"。这个组织也保证了垄断主义者的宣传在国内的胜利。突出的例证是对肯尼迪总统或黑人领袖马丁·路德·金的暗杀。这些事件的真相，一直没有得到澄清。在前一个事件中，即使是司法调查，也没有得出任何确定的结论。肯尼迪遇刺事件的实际年代资料一直没有弄清，任何只要理性没有被完全操纵的人都会知道，事情不可能按沃伦报告所描述的方式发生。此外，不可能保守秘密的事实是，这些事件中有潜在证据的死亡率远远超出了美国的平均数。这类秘密像是与"自由世界"中公共意见的不受限制的权力形成刺眼的对照。在某种程度上，自由公共意见与未经调查的秘密之间的区分，是由残忍的力量威胁着每一个试图让赤裸裸的事实引起公众注意的人的剧烈的道德危险建立的。大众媒介的意识形态机构说服广大居民把秘密的东西接受为合法的东西，如同某些销售得好的书籍和成功的电影中出现的围绕地下组织的"伟大人物"的生活与工作的同样的秘密。凡是追踪资本主义社会历史发展的人都知道，经选举而产生的公共机构的权力，与那些工作在"官方秘密"下的军事的和民间的官僚机构相比较，在不断衰落。

　　如果谁比较一下法国大革命时期民主机构与第三共和国时期法国军队中的事件的关系，他就会得到给这种社会转变提供资料的图景，这种转变的结果，此时就是中情局。从根本上说，这确实不是一种什么新现象，只不过是一个长的必然过程的急剧现实化。

　　过去几年里美国制度危机初现端倪，这里只需要附带提及。此时，

在物质的和意识形态的意义上，对立面的运动仍在高度地发展。这没有什么奇怪。当内在的矛盾在一个社会开始显露出来时，对立面就带着理论的批判突然出现。在这些早期阶段，一种相反的运动不可能使它自身意识到，它不能勾勒出另一种可供选择的视角。所以，轻蔑地指责美国的持异议者缺乏意识形态的精明，是非历史的。尽管卢德派没有产生比激烈抗议的否定性更多的东西，但他们仍然是革命无产阶级运动的先驱。谁若傲慢地遣散美国的反建设运动，应当记住历史上的卢德派和随后再次发生的事例。当今的时代，是一个操纵的时代，它已经被确定为历史达到的极致和完善。可是，在给予恰当的回答上是软弱无力的，因为它不能解决越南或黑人现状的问题，而这种缺乏自我觉醒的原因必须予以揭示。

即使只是粗略地一瞥，我们也必须关注资本主义的制度危机，因为现在整个民主问题的讨论是指向一个理论问题：资产阶级民主是像社会主义世界内许多人所相信的那样，是社会主义世界的一个现实的选择方案吗？这个问题是在社会主义的制度危机也显露出来时出现的。我们的回答是清楚且确定的：不，永远不！对这个回答的较深层原因的一小部分，在随后几章里将会有详细的阐述，那里将讨论斯大林主义时代及其后果。下文可以作出简单而直接的政治论述：如果一个国家被斯大林主义的追随者引向一种社会危机，转向资产阶级民主的选择，那么，不必作为一个预言家便可以在很高程度的可能性上预言其前途。不久以后，中情局就会使这个国家变成另一个希腊。诚挚的意向是不够完善的，人们不仅必须仰赖社会主义世界内在的许多意识形态方面向人民承诺的诚实的信念，而且必须寻求一条摆脱斯大林主义绝境的道路。他们的意向的纯洁性是无可怀疑的。这些东欧的改革者们，他们的支持者和同情者们，除了忠实于他们的信念，分担想象的失败，只能建议把腐朽的资产阶级民主作为对付社会主义危机的一种选择。他们心中的深处究竟思考什么，这里没有客观的结果去推论。只需要回到历史的事实。谁怀疑在20世纪40年代英国的劳合·乔治和法国的克列孟梭有过热情，甚至是带有良好意愿的左派民主主义者？然而，在1919年他们组织了干涉主义的武装反对匈牙利苏维埃共和国。他们也解散了他们自己提议过的社会民主党人的政府（领导者也是热诚于资产阶级民主主义的），从而为霍尔蒂政权奠定了基础。一个人有良好的意愿是不够的，他还必须是一个现实主义者。1947—1948 年的希腊内战就没有武装干涉，但其背后却站着中情局，希腊政府中的那些官员直接或间接地被它操纵。历史自身不会严格地重复，不能被预见，但存在着社会发展必然性的一条一般线索。在这个意义上我们可以确定地说：当一个社会主义国家发生危机的时候，若把资产阶级民主看作一种可能的替代选项，就意味着一种希腊式的结果。

注　释

[1]《关于费尔巴哈的提纲》，见《马克思恩格斯选集》，2 版，第 1 卷，60 页，北京，人民出版社，1995。

[2]《1844 年经济学哲学手稿》，见《马克思恩格斯全集》，中文 1 版，第 42 卷，122～123 页，北京，人民出版社，1979。

[3]《论犹太人问题》，见《马克思恩格斯全集》，中文 1 版，第 1 卷，438 页，北京，人民出版社，1956。

[4]Kant, Immanual, *Die Metaphysik der Sitten*（The Metaphysics of Morals）, in Werke in 12 Bänden, hg. v. W. Weischedel, Bd. 8, Frankfurt/Main 1968, S. 390.

[5]《1844 年经济学哲学手稿》，见《马克思恩格斯全集》，中文 1 版，第 42 卷，124 页，北京，人民出版社，1979。

第二部分

纯粹的替代选项：斯大林主义或社会主义民主

第四章　对一个具体问题的理论与历史假设

如果说，我们反对把资产阶级民主当作社会主义民主的一种替代方案，那么这样做首先是出于实际的、政治的考虑。对当代经验的分析清晰地表明，用一种资产阶级的变形去代替社会主义民主的任何企图，都会无可避免地导致社会主义（很可能是民主自身）的瓦解。如果我们现在试图发现真正的政治选择，我们就必须以两个对立面的方法论步骤去探讨这个问题。由此看来，按民主两极性的教条主义说明方式，无法陈述清楚社会主义（或者在当代关于它的本质的主导见解上）的含义。相反，我们必须首先尽力从一种社会历史的观点来了解现存的社会主义模式，了解它所呈现的具体存在。在达到这种认识之后，我们将尝试以更确切的方式阐述民主化的问题。

现存社会主义之实际的社会存在，是从斯大林时期的危机中出现的各种制度、倾向、理论、策略的复合。这种危机最初在苏共二十大上作了理论—实践的表述，并且是由那次代表大会作出的推论。除非从支撑这种重建的实际意图和结构出发，否则不可能理解这始于苏共二十大的改革的理论—实践工作。

同时，简要地讨论一下斯大林时代本身的特征也是必不可少的。苏共二十大把这个社会主义的发展时期描述为一种"个人迷信"。某些有见地的批评对这种描述性的短语直接地提出异议，它所设想的社会内容正是社会主义危机的实质。首先提出批评意见的是帕尔米罗·陶里亚蒂

(Palmiro Togliatti)，他反对把斯大林的个人特征看作社会主义发展中这样一种深刻危机的最终原因。他要求对整个斯大林时期作出深入而详尽的经济与社会历史分析。他断信，若无这种彻底的调查研究，就不可能在马克思列宁主义的意义上，对社会主义这个阶段就斯大林的功过问题作出清晰而系统的阐明。然而令人遗憾的是，我们不能不承认，满足这些要求的分析，至今仍未实现。

读者面前已有的那种简短、匆忙和高度图解式的描述，不能满足这些更为严格的要求，不能满足对斯大林时期进行确定的科学分析的合理需要。但是，陶里亚蒂的要求，并不是要号召一种详尽的学术性评价。他所期望的是，对斯大林主义历史的这个关键而致命时期的统治原则加以更多的阐明，从而重建一个正确纲领，使病残的社会得到医治、修整，以恢复健康的生活。

如果我们要达到陶里亚蒂的合理要求，就必须从头开始。根据马克思的理解，俄国无产阶级革命不是这样一种世界历史转变的"经典的体现"。按照马克思的预测，这样一种革命必定首先在一个发达的资本主义国家爆发。此外，马克思设想，无产阶级革命按其本性，是作为其余文明世界的一种榜样而行动的。即使我们略去经典革命范例这第二个特征，首先与我们的论述有关的问题是，一个经济和社会不发达国家的社会主义发展。列宁从来没有怀疑过俄国革命是例外且它并不完全符合马克思的预想这一论断。列宁在他的《共产主义运动中的"左派"幼稚病》中说到俄国革命的国际意义时，正确地强调了它的意义。但他没有忘记立即作出补充："要是夸大这个真理，说它不仅限于我国革命的某些基本特点，那当然是极大的错误。而且，如果忽略另外一点，同样也是错误的，那就是：无产阶级革命只要在一个先进国家里取得胜利，就很可能发生一个大变化，那时，俄国很快就不再是模范的国家，而又会成为落后的（在'苏维埃'和社会主义的意义上来说）国家了。"[1]

不难看出列宁这段论述的含义。从资本主义社会向社会主义社会转变，首先是一个经济问题。一个取得革命胜利的国家，其资本主义发展水平越高，就越是能够直接而适当地奠定社会主义的特殊基础。相反地，在一个落后国家，就会有许多问题必然要提上议事日程，从单纯经济的角度看，这些问题，是应留在资本主义的发展过程中解决了的。这里的问题便是——经济现实中两个问题形成相互依赖的整体——重工业与农业之间的关系。这里，一方面是集中生产的决定性部门中大工业的量与质的发展程度问题，另一方面则是工业和农业中劳动者人口的合理分配问题。这是一个为了使经济协调增长的资源合理分配问题，一个使经济生活各个领域得以持续发展的农业与工业之相互关系和向前推进的问题。没有人怀疑 1917 年俄国的资本主义生产已经解决了工业与农业之间的关系问题，而俄国的资本主义依然是落后的，留下了许多没有解决的经济困境。

如果我们接受这些结论——一如社会民主主义学说从一开始就想表明的那样——那么是否就可以证明伟大的十月革命通过暴力推翻资本主义统治是一种错误呢？我们认为并非如此。伟大的历史决定、革命的转折点，从来就不是像学者的研究那样以纯理论形态发动的。它们是对不安的人民涉及日常生活与重大政治问题时敦促政党及其领导者作出选择的回答。1917 年，采取决策的首要条件是由第一次世界大战决定的。战争召来了一种社会主义的危机，各国马克思主义的政党试图按照自己的方式来克服这种危机。第二国际的每一个决议都表达了反对战争的立场，但除了少数政党以外，欧洲大多数社会主义政党的行动都是默默地支持帝国主义战争。推翻沙皇专制的二月革命，并没有改变这种基本状况。相反，使战争继续，成了俄国多数政党特别是孟什维克和社会革命党人的首要目的。布尔什维克为夺取国家政权的斗争，与千百万人民立即结束战争的强烈愿望是一致的。这个受到全体人民关注的急迫问题，在十月的具体选择中是有决定意义的；由于时间的条件，为了立即结束战争，首先就必须推翻资产阶级民主政权。（直到希特勒掌握政权方才结束魏玛共和国的整个历史，证明了直到不可改变的军事力量瓦解之后因推延革命的决定而产生的社会后果。）

同样地，俄国在十月的国内政治选择也是清晰有别的。截至 1917年，贯穿于 19 世纪的俄国社会发展的基本问题，积累到了爆发的顶点。这个危机涉及肃清占优势的封建残余，出现 19 世纪末农民受资本主义的剥削更胜于封建主义的局面。在 1917 年的进程中，尽管有亚历山大·克伦斯基"民主政权"的猛烈反抗，农民起义仍继续高涨，自发的土地再分配从未终止过向前发展。这里，问题也是明摆着的：资产阶级民主制度不垮台，农民问题便不可能得到真正解决。因此，在十月革命时期，有两个问题交织在一起，一个是帝国主义战争问题，另一个是农

民问题。这两个问题都与俄国社会高度相关，也都为社会起义提供了机会。这两个问题都不具有直接的社会主义特征，但在当时环境下，只有通过革命推翻资产阶级统治，才能发现令绝大多数劳动群众满意的解决办法。因此，1917 年 10 月，就意味着最广阔意义的革命形势：统治阶级不能再按旧的形式统治下去，而被压迫、被剥削的群众不愿意再按旧的方式生活下去了（列宁关于革命形势的定义）。所以，如若忽视这种社会背景，人们便可能会质疑 1917 年的决定。

毫无疑问，这种非经典式向社会主义转变的决定，在政治上完全站得住脚。然而，即使是这种政治革命的最实质性证明，也没有克服现实的经济问题。几年以后，这种政治与经济之间的差距自身表明，它是俄国经济继续发展的中心问题。首先，年轻的苏维埃共和国必须为自己的生存而投入反对德国帝国主义，以及随后反对多国武装干涉的斗争中。在这种斗争中，苏维埃无产阶级表现出卓越的政治—军事领导的力量、群众的决心和能力。在苏维埃无产阶级的这个英雄时期，有着强大而深刻的吸引力，这个年轻的社会主义国家影响到世界上最大范围的人民。在国内战争胜利结束之前，向社会主义的非经典形式转变所固有的经济问题，尚未成为苏维埃生活的中心。

列宁在理论上涉及这个问题的复杂性时，并未忘记强调他们处理的是全新问题。他在 1922 年说："连马克思对这一点也只字未提"[2]。这些表现为纯经济的问题，列宁一再谈到由此产生的实际后果。他还关注由国内战争所遗留的经济状况损坏了工农联盟这一事实。他说："新经济政策的基本的、有决定意义的、压倒一切的任务，就是使我们开始建设的新经济（建设得很不好，很不熟练，但毕竟是在完全新的社会主义经济和新的生产、新的分配的基础上开始建设的）同千百万农民借以为生的农民经济结合起来。"[3]

即使他从不以普世理论的方式来谈论这个问题，这一目标也表明他是以实践—本能的方式来把握社会主义作为一种特殊社会形态之特征的。在较早的社会形态中，一种经济结构的变化发生在固有的决定论基础上。但是，这并不排除向社会主义转变的第一个伟大范例成为现实，乃是合乎目的论指导的个人有意识（事实上经常是带着错误的意识）的存在。生产资料的社会化，生产资料集中在工人阶级手里，便是把社会看作经济上各相关部分的一个总体社会意识的必然结果。由此就要求工人阶级从被统治者变为人类社会发展的谋划者。对特殊的社会结构的改造应当是无产阶级的意识和社会存在的一种结果。意识必定成为社会的直接目的，从计划它的经济职能，到把社会主义看作向着共产主义迈进的一个准备阶段。列宁正确地看到，在 1917 年，随着无产阶级夺取政权，以及资本主义的或传统的半封建生产资料私有制的瓦解，原先城乡之间的相互关系受到破坏，人的社会活动便进入了一个新时期。这个新时期要求对人类进步作出新的定义。它不能再让历史受盲目的决定力量支配，现在客观的经济力量必须接受人的意识指导。马克思《关于费尔巴哈的提纲》第 3 条断言："教育者本人一定是受教育的。"这是一种不能再被回避的现实。

就某种意义来说，社会主义就是通过人的意识或社会自我规定来掌握控制人类的进化。意识有一种特性，即它可通过教育而代代相传。这种人的自我教育的动因——世界历史的术语自我教育，是对马克思主义意义上的真正人的存在而言的——便是社会主义民主。人类的社会经济发展提出了一个问题，在马克思的继承者中唯独列宁把它描述为社会主义改造中心问题，并且形成他符合目的论之行动基础。教育者是社会主义革命的社会领导阶层，他们自身必须受教育这一事实，一方面是对各种乌托邦主义的批判，乌托邦主义设想合理的信条是人类向绝对和谐存在的未来状态发展的助推器；另一方面，它也是对机械唯物主义的某种否定，机械唯物主义简单地把每种事件的结果表达为生产发展的自发和必然的产物。在马克思看来，经济的世界（必然的领域）从来不是人类自我创造的唯一基础。马克思把人的意识的自我创造看作"自由王国"。他进一步把"自由王国"的本质内容看作人的力量的发展，它是作为自身目的之自为的价值。同时，他清楚地表述了这种实践必须与单纯的经济从质上区别开来，这种人的有目的的意识是经济的一种有生机的新的生长力的矛盾。在马克思看来，人类的进化，是决定论和目的论之间的辩证的相互联系，而这种辩证的生活实践"只有建立在必然王国的基础上，才能繁荣起来"[4]。

1917 年革命的非经典的特征首先在于这样的事实，即社会主义开始的发展阶段，是处于生产和分配的现在水平尚不足以作为"自由王国"的具体准备的基础。因此，这就需要引入一个中间时期，使这种不发达的经济得以赶上，使经济加速发展到一个较高的水平，这必须成为社会生活自觉指导的中心关注点。列宁显然懂得，一种高水平的工业发展是社会主义成长的经济前提。正如我们已经指出的，他认识到了工业基础的重要性。他设想如果社会主义革命在一个经济发达的国家取得胜利，这个国家就会接替苏联的地位，成为社会主义建设先锋队。

就此而言，历史上还没有谁（甚至包括列宁）也不会有谁能从理论上系统地阐述这种非经典社会主义建设的严峻问题，这种为共产主义作准备的严峻问题。依据我们现在的考察，这些问题的理论概括可以表述为以下的形式：在这种转变时期，要求克服工业不发达的纯经济实践，与为了创建民主的无产阶级的做法、制度等所希望的社会主义内容之间，存在何种关系？对于列宁来说很清楚——他从来没有忽视事实——原先由马克思、恩格斯所创立的社会主义思想，对于经济发展和民主制度发展的相互关系问题，没有也不可能提供一种理论上的解决。经济与政治之间的关系问题，有着重大的社会本体论的意义。因为它表明，自由王国在本质上不同于经济的必然王国；它也表明，自由王国只能在必然王国的基础上才能实现。这个定义既表述了"上层建筑"对于"经济基础"的社会依赖性，也表述了这两个社会范畴之间的质的差别。"自由王国"的术语，比起单纯的上层建筑及其在阶级社会的功能，已经包含了更多的内容。事实上，本体论的飞跃本身宣告，在社会主义社会，经济实践的基础必须受向着生产一种普遍的人与人相互依赖的社会自觉目的论的指导。

社会主义（和更大程度的共产主义）由多种经济构成，在这种社会，社会的整体置于自觉目的论的指导下，其结果是它们日益放弃资本主义的实质。尽管社会主义由人的意识引向最后的人道主义的目的，它仍然是一个按因果规律作用的社会整体。无疑，社会因果性的领域使向社会主义转变的问题复杂化了。对于社会主义道路的某些实际准备，消灭资本主义结构并不总是必要的。恩格斯已经察觉这与联合股份公司的关系。列宁认识到，资本主义垄断是向社会主义性质转变的过渡性结构。这些向社会主义转变的问题——不管它们的种种合法性——并没有损害从资本主义向社会主义结构转变的任何运动所固有的本体论的飞跃。在社会主义人性的成长中，本质上新的东西是，经济的发展今后将受一种普遍的目的论支配。这种目的论，不是由因果性的客观规律来确定的，它必须被理解为人对于社会发展的类的自我规定的一种主观意识的构想。在这种态势下，马克思自己把这种因果性的客观规律描述为必然王国这一点，在社会本体论上是正确的。因为经济总是物质的社会再生产的过程，在这里，个体的人类存在最终保留着再生产过程的对象，而人的智力总是被引向客观可能性的最大利用。在必然王国里，不存在服务于以自身为目的之人的类活动的地域。必然王国的继续存在，社会主义没有受到哪怕最轻微的削弱这一事实，表明生产资料的社会化具有本体论飞跃的特征。首先，个人或集团都不再可能在其私人行业的服务中进行经济上的剥削。其次，这方面的一个直接后果是，按意识的构想和类的人本主义之目的而处置的经济发展的客观选择成为可能。在生产资料私有制的情况下，这些生产资料对于类的较高目的之从属性，充其量只是一种遥远的可能性。

列宁深入地考察过主观力量与客观力量之间的关系，他是人的自我规定性的倡导者。他试图把对主观和客观创造性力量的认识置于为未来自由王国服务之中。他认识到俄国不发达的问题，它因第一次世界大战和国内战争而达到了灾难性的地步，因而不可能在纯经济的基础上克服。他使经济问题从属于一个社会主义社会能支持的公有制社会的实验。当我们提及他看到工农联盟的破坏是转变危机中的主要危险时，我们是从这个确切的原则出发的。在列宁看来，进入社会主义的本体论的飞跃，就在于工业和农业劳动者人口在社会交往层面上的自觉联合，目的是通过他们自身的劳动和经验，提高他们的物质和精神存在，从而达到富有意义的合作的类生活水平。

列宁的计划能否或在什么程度上有实现的可能，这在今天是一个次要的问题。人们不应该忘记，在新经济政策具体化的时期，他所患之顽疾，不久便使他日益不适合参加常规的政府活动。在那些年里，其理论工作的更重要部分，在于草拟革新社会主义的实验。至于他的陈述的想象的性质，他自己不抱幻想。无论如何，他是越来越不能寻求它们的真正实践—具体的实施，或者迫使一个人通过自我批评的手段来控制它们。他把这些幻想看作一种正在出现的新兴社会现实的最内在倾向的理论构想，他把这些概念看作生产阶级为未来社会主义的生活方式的有效性的计划。他的所有经济构想的暂时性特征本身实际上显现出，后来在苏联发展起来的集中的计划体制，在他的新经济政策时期的思想中一直起着颇为次要的作用。后来，他在晚年关于社会主义等于苏维埃制度加

上电气化的论述常被引证，但这不应当看作他概述未来社会的定义。他希望实现他的具体计划的思维方式，表现了一种特殊的方法论，然而，这种方法论仍然保持它的理论意义。列宁赞成意识干预现实。通过这种实验，通过人类理性的反思性的特征，人们会逐渐了解他们有能力掌握社会条件的理论—决定论的性质。列宁经常引证拿破仑一世的短语：只有参与它，才能指导它。我们相信，对于许多经济计划的幻想——其结果是它们的抽象真理的性质经常以站不住脚的推理为基础——列宁的方法论仍然形成一种有益的平衡。由于这些计划易于操纵，这些中央指令性计划体制是与一个社会主义社会的真实意义相脱离的。

在一定程度上，列宁看到了混淆中央指令性计划体制与社会主义的危险性。在国家机关和党内、苏维埃生活中增长着的官僚化现象，是列宁整个患病期间的主要关注点。人们只要仔细研究一下他在 1917 年以前的著述，就容易了解，在他看来，从日常生活到重大的政治决策，无产阶级的自主活动，是劳动人民准备实现社会主义革命的一个重要晴雨表。然而，列宁不仅容忍了，有时甚至还帮助促进了更强大的官僚制的发展。这是国内战争时期的情况，那时有许多紧迫的问题必须解决。首先在军事方面是这样，由于现实的成功，这类官僚组织也就扩散到政府行政部门。在国内战争胜利之后，他的重要目标之一，就是要解构这种官僚政治，向社会的正常生活回归。这种趋向在有关工会的争论中表述得最为清楚。托洛茨基提出了下一个使工会国家化的计划，以便在改进生产的利益中利用它们的组织的潜能。在托洛茨基看来，这似乎是十分可行的，因为他不相信无产阶级还会向一个工人领导的国家要求任何保护。但是，列宁强调，国家事实上是**"带有官僚主义弊病的工人国家"**。因此，他对自己的观点作了如下的概括："我们现在的国家是这样的：全体组织起来的无产阶级应当保护自己，而我们则应当利用这些工人组织来保护工人免受自己国家的侵犯，同时也利用它们来组织工人保护我们的国家。"[5]任何熟悉列宁晚年的著作和书信的人都知道，他在国家和社会生活的各个领域，对官僚化作了持续而顽强的斗争，他甚至想把某些受尊敬的同事（比如奥尔忠尼启则）排除在党外，因为他们退回到国内战争的固定程序化的方法上，从而破坏了无产阶级的民主制原则。

关于群众的参与问题，列宁很早就从理论上采取了正确立场。在

《国家与革命》中，关于政治问题的重要论述，他提出了"国家消亡"的问题。只有到下述时刻，国家才是要消亡的："人们既然摆脱了资本主义奴隶制，摆脱了资本主义剥削制所造成的无数残暴、野蛮、荒谬和卑鄙的现象，也就会逐渐**习惯**于遵守数百年来人们就知道的、数千年来在一切处世格言上反复谈到的、起码的公共生活规则，自动地遵守这些规则，而不需要暴力，不需要强制，不需要服从，**不需要**所谓国家这种实行强制的**特殊机构**。"[6]像通常那样，列宁集中关注摆在他面前的具体任务。这意味着列宁没有进入更为复杂的马克思所谓的自由王国问题，而是全心关注"国家消亡"。但是，如果单从方法论上来把握，那么，他的主张涉及国家问题的所有方面。最为重要的是，即使在这里，他也估计到人类存在之整体，而不是试图要把某种"公民特征"的东西强加于社会主义民主观念上。在《国家与革命》的较前的部分，在涉及政治问题的其他方面时，他对资产阶级民主持否定的态度。社会主义民主不是民主的单纯扩展。恰恰相反，社会主义民主是资产阶级民主的直接对立面。首先，民主不应当是资产阶级社会所固有的唯物主义的一种观念的上层建筑，而是社会世界自身进步的一种活动因素。民主不应当再以众多物质的屏障，诸如城邦制中的民主等为基础，而应当以自我完成过程中的社会本体论的存在为基础。所以，社会主义民主的目的就是透视人类存在之整体并且表现作为从日常生活到社会的最重要问题所伸展的一切人类活动和参与的成果的社会性质。在剧烈的革命斗争年代里，这种活动和参与，以爆发性的自动姿态，由下至上和由上至下地来回开展。我们可以回忆起苏联苏维埃生活中涉及国内国外事务的重大决定性问题曾经震撼着全世界的公众舆论。这种情况在"巩固"时期发生变化，比如，必要的秘密外交或军事准备的秘密，就必须防止受到国内的公众意见之影响。

　　我们将在后面不同的背景下再来讨论这个问题。这里我们最为关心的是社会主义民主如何透过人的日常生活，积极参与其中起作用。列宁谈到习惯化是"国家消亡"的最重要起因，因为它能使人们与同伴组织合作，没有权力，没有强制，没有屈从。习惯化肯定属于一个普遍的社会学范畴，在每一个正常运转的社会里，它必定起着重要作用。习惯化与行为相关，但对人自身业已习惯了的对象是漠不关心的。但是列宁的含义超越了这种抽象的社会学的普遍性。他所说的习惯化是指一种社会

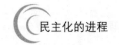

目的论的过程，在这一过程中，一切行动、状态和社会制度是用来使人们习惯于采取行为的合作模式。可以肯定，这样一种目的论因素存在于每一个社会。为了使居民习惯于在一种指令状态下自愿行动，阶级社会的整个合法结构是必要的。然而，按照马克思的观点，我们已经描述过，阶级社会的合法权利如何限制任何地方可能是别人而非自己的行为，因为这些权利保留着对于每个个人的"经济唯我论"的主体。对这种行为模式的习惯化，必然会加强普通人的唯我论，必然会强化这样一种观点，即他的同伴对于他自身的存在和实践只是障碍。我们也知道，按照马克思的观点，在社会主义时期，资产阶级法律仍然是有效的，尽管经过了一定的修改。为了鼓励人，鼓励所有的人，使他们习惯于一种新的经过改革的社会，现实环境发生突然的转变就是必要的了。它不能是一种单纯的意识形态转变，而首先必须是从头做起的日常物质生活和活动的革命化。《共产党宣言》从基础层面区别了资本主义社会和共产主义社会，资本主义社会是过去统治现在，而共产主义社会则是现在统治过去。在资本主义社会，人的实践的充分原因经常归之于物质生活条件的客观决定论的自我运动。在共产主义社会，就有可能提出为了未来生活的有意识的目的论的构想，并且运用这种构想而实行现实生存的质的转变。

从基本的方面看，列宁习惯化理论的内在辩证法的本质意向之一，就是提高类存在支配过去的能力。由于这个原因，他便有兴趣并且支持每一种对类的自我规定的发展的社会推动力。他热心于反对资产阶级倾向的斗争，这是以他对最终无效的官僚化操纵的高度批判性的考察为基础的。同时也是以对每种官僚政治形式的洞察为基础的。官僚政治形式通过它自己内在的常规，必然在它自身内部隐藏着一种巩固过去统治现在的驱力。与这个问题相关，列宁重视所谓"共产主义星期六"，把它看作通过社会的人自动的自我活动超越过去的统治的愿望的一种表达。这种类的自我活动，是能够作为社会主义民主的根据、作为自由王国的准备的，尽管旅程很长，并且充满着矛盾和暂时的挫折。一种对于类的自我规定性、其必然的起点和它的相应的内容，是社会主义经济必不可少的基础。然而，类的自我活动的创造，不是由过去的经济条件成长出来的决定论的产品，而是现在统治过去的最初征服的目的论的结果。列宁对"共产主义星期六"的社会本质描述如下："在我们经济制度中暂时还没有什么共产主义的东西。'共产主义的东西'只是在出现星期六义务劳动的时候才开始产生的，这种劳动是个人为社会进行的、规模巨大的、无报酬的、没有任何当局即任何国家规定定额的劳动。"[7]显然，"共产主义星期六"和其他类似的社会表现形式，一旦由官僚主义的计划所指派，就必定失去共产主义的性质。这样，这些社会表现形式，就变成官僚主义霸权的装配路线中的机械的、单纯的嵌齿。

列宁对共产主义的定义既唤起了人们对无产阶级革命的普遍热情，又导致人们对它产生普遍否弃，并不是偶然的。然而，在年轻的社会主义国家中，险恶的经济状况是明显的。列宁表现出异常的激情并且揭示了他的政治实体的人道主义基础。尽管列宁对苏联经济上的短缺和落后等状况采取毫不妥协的现实主义态度，但他从不放弃所承担的许诺，相信社会主义前景的到来，并且把社会民主看作一个社会主义社会的任何结构的必不可少的核心。无论如何非常显著的是，即使列宁的民主信念并不总是被正确地理解，他对实行民主化的许诺，由于它所具有的社会人类学的信息，在国外也有着重大影响。请读者们注意我的论文《共产党的道德使命》，这篇文章讨论了列宁关于共产主义星期六的确切见解，虽然当时我对马克思主义的解释仍有唯心主义的偏见。

作为一个马克思主义者，列宁经常强调他的观点与社会民主主义庸俗化理论的差别。社会民主主义者相信，随着国家的消亡，民主也会消亡，共产主义既然是一种社会构成，那么民主的问题就不再与它相关。令人遗憾的是，列宁关注过渡时期的最深刻的民主—社会主义的信念今天却被遗忘了。（当然，资产阶级意识形态需要证明斯大林主义对民主的曲解来自列宁这一点，在遗忘的进展中起着重要作用。斯大林主义保守的官僚主义原则，和资产阶级反对共产主义的意识形态冷战，有着一个共同的目的，即把斯大林的理论与实践尽可能地追溯至列宁。）只有对斯大林主义原则作出一种真正马克思主义的批评，才能证明斯大林与列宁之间现实的理论—实践并非具有延续性。围绕布尔什维克革命和过渡时期的重大策略问题，这样一种真正马克思主义的批评也会指明，斯大林歪曲了列宁的传统。列宁在 1917 年回到俄国之后，就批评了加米涅夫和斯大林对革命的曲解。随后，在工会问题上，斯大林所代表的是托洛茨基的思想路线，而不是列宁的思想路线。

我们已经讨论到连续性的问题，确定了那些影响列宁并为列宁所继

承的社会主义传统是有益的。从我们有关"习惯化"的引证中，读者确实清楚地看到，列宁没有把标志着社会主义民主的人与人之间的合作与互助看作全新准则，以及一种新理论发展的初始阶段。他把它们看作已经存在了许多个世纪的基本原则，只有在社会主义才能达到它们的社会的普遍性。这是由列宁的方法论所表明的，这种方法论使他与马克思深刻地联系起来，而又使他与斯大林以及其他追随者彻底地分离开来：在重大的革命转折和激变中，特殊历史倾向的连续和它们的必然激进的结构变化之间的有机联系。列宁对各种形式的乌托邦主义的反驳，都依据历史中进化与革命之间关系的方法论原则。按照乌托邦的观点，某种崭新的事物通过理性的手段可以诞生于世界，而在马克思主义看来，崭新的事物是社会历史发展中特殊的社会接合点发生革命变化的结果。从最深的人类意义上说，历史上不存在什么新的事物。从革命的观点看，历史的飞跃发生在特殊的时刻，但是这些结构的变化，只是原先实际存在的人类社会存在通过社会普遍化的手段，上升到一个前所未有的水平。在关于习惯化和马克思主义的一般方法论的评论中，列宁描述了进化与革命之间的有机联系。他对这种方法论作了如下的解释："马克思主义这一革命无产阶级的思想体系赢得了世界历史性的意义，是因为它并没有抛弃资产阶级时代最宝贵的成就，相反地却吸收和改造了两千多年来人类思想和文化发展中一切有价值的东西。"[8]

关于列宁对马克思主义的理解这个方面，至少扼要地强调一下是必要的。列宁关于连续性和非连续性的思想有助于我们评价某种当代的倾向。一方面，有一种观点认为，历史只是给予我们在新旧事物之间、崭新的革命萌芽与停滞之间选择的机会。（列宁的评论直接反对这类理论，即20世纪20年代的"无产阶级文化"问题上的观点，这种革命的解释由马克思主义的安德烈·日丹诺夫理论提出。用方法论的观点看，这种激进的非连续性的观点与未来主义的艺术观相去不远。）另一方面，斯大林与他的后继者们实践了一种对连续性的普遍崇拜。这些继任者们至今仍相信他们已经突破过去的"个人崇拜"并为此而得意。他们相信（至少是坚持认为），斯大林时期的实际的具体的成就排斥了方法上的完全断裂。这种完全的进化和连续的观点，正如完全的革命和非连续的观点一样，是极端非历史和非马克思主义的。

颇为遗憾的是，我们在前文只是作了十分粗略的评论，为了结束这番评论，有必要指出，列宁并没有留下什么系统解决向社会主义过渡问题的一贯正确的公式，也没有从马克思和恩格斯那里继承这样一种公式。要设想如果他再多活一段时间他会如何把握这种转变的问题，是没有意义的。要争论在俄国革命的非经典性质之外，是否会出现大量问题解决的任何客观可能性，也是无用的。但是，我们相信，我们试图阐明激发列宁当时的政治实践的最重要的原则和方法论基础是正当的。在这一点上，我们无法考察整个时期的详尽历史（当然，如果这样，会是极为称心的）。当今至关重要的就是要清楚地认识到，列宁的后继者如何彻底破坏了他的方法论原则，而这又如何不可避免地导致对马克思主义自身的加倍曲解。列宁继承了马克思的思想，但列宁和马克思的遗产却在苏联丢失了，尽管20世纪20年代和30年代苏联绝大多数最重要的政治家深信他们是在运用真正的马克思的方法去分析历史状况的。这个时期的政治家们有某种幻觉，以为他们保持了列宁的最深层的意向，但这种信念也是错误的。

注　释

[1]《共产主义运动中的"左派"幼稚病》，见《列宁选集》，2版，第4卷，178～179页，北京，人民出版社，1972。

[2]《列宁选集》，2版，第4卷，626页，北京，人民出版社，1972。

[3] 同上书，619页。

[4]《资本论》，见《马克思恩格斯全集》，中文1版，第25卷，927页，北京，人民出版社，1974。

[5]《论工会、目前局势及托洛茨基的错误》，见《列宁选集》，2版，第4卷，408页，北京，人民出版社，1972。

[6]《国家与革命》，见《列宁选集》，2版，第3卷，247页，北京，人民出版社，1972。

[7]《关于星期六义务劳动》，见《列宁选集》，2版，第4卷，143页，北京，人民出版社，1972。

[8]《论无产阶级文化》，见《列宁选集》，2版，第4卷，362页，北京，人民出版社，1972。

第五章　斯大林对其对手的胜利

在紧接着列宁逝世之后的那个时期里，各个领导者都为成为接班人而进行着激烈的政治—意识形态斗争。按详尽的历史探讨的要求来说，这是整个社会主义历史中调查研究得最不透彻的时期。许多证据都被破坏了。在大清洗以及随后的历史时期里，大部分理论—政治著作，特别是那些反对斯大林的著作，都被禁止公开发行。由于这些著作不再为公众所理解，它们的作者实际上就变成了隐形人。因为缺乏材料证据，有关从列宁向斯大林转变的客观历史叙述和以文献为基础的理论探讨就几乎不可能了。由斯大林的对手所出版的文本，也与官方斯大林主义有着同样的缺陷。经常持有文献佐证的反斯大林主义的命题，也大都含有政治偏见。即使是值得注意的艾·多伊彻（I. Deutscher）的著作，也没有摆脱对事实有所偏颇的倾向性评论。我们在下文所作的评述并不要求填补这种详尽、客观探讨的空白，然而，笔者以极大的兴趣关注当时的那些论战，因此，也许可以在苏联思想发生重大变化时期的基本方法和理论问题上，按最一般的方式进行自由评论，进而提出自己的特殊见解。

所谓列宁的"遗嘱"，包含对其党内同僚评价，是已知的最具悲剧色彩的历史文献。在他的"遗嘱"中，列宁对党内六位主要领导人的集体领导权进行了评论，他带着重大的怀疑论眼光，思考着向社会主义转变的未来发展。由于列宁认为加米涅夫和季诺维也夫对十月革命的错误评价不是一种偶然过失，而是他们分析能力上所固有的缺陷，因而也再次表示了他对二者历史解释才能的明显怀疑。至于其他三个被选定的成员，列宁对托洛茨基和皮达可夫说得很明确，而对斯大林则保留了几分委婉，他把他们看作俄国未来发展的某种严重危险的代表。他们三人都试图按行政的方式处理重大问题（甚至想以暴力去解决问题，斯大林尤其具有代表性）。至于布哈林，他是唯一被证明有理论家能力的人，但列宁对他解释马克思思想的准确性持保留态度。鉴于列宁把这六位政治人物看作布尔什维克领导集体的核心成员，他们的共同合作，是能够并应当继续为他的社会主义建设毕生事业提供保证的。他的"遗嘱"必定被看作一种具有深远意义的悲观情绪之表述。

列宁的这种悲观情绪不久就得到证实。在列宁逝世后不久，布尔什维克党和苏维埃国家的领导者内部，在关于俄国未来发展的道路问题上，就暴露出多种不同的观点。尽管有尖锐分歧和冲突，但所有这些观点又都在它们的基本理论和方法论原则之间显现出极大的相似性。然而，对于列宁热诚表现的关于社会主义建设必须通过加强和发展社会主义民主来保证的炽烈愿望，却一直没有人奉献自己的精力。虽然列宁的每一个后继者对苏联的工业化过程都有不同的见解，但列宁所关心的社会主义民主之核心问题，被纯经济问题所代替。列宁的后继者之间的这些差别，在国际事务的问题上也产生了重要后果。这种目标重点的转移，即民主化过程向迅速的经济工业化的转移，对那些想成为列宁继承者的人的策略造成了严重影响。特别是在资产阶级世界，在社会民主党人中，如果列宁的某种素质多少被承认的话，他便会被看作一个精明的策略家。即使这种看法表现出动听的含义，那也是对他的一种持续误解。对列宁来说，策略的决定并不是首要的。列宁善于分析具体环境，并作出抉择。他的确是一位极具洞察力的分析家。他有充分的理由一再要求具体情况具体分析，同样他有充分的理由经常而有说服力地谈到马克思的不平衡发展规律的意义。在他的眼里，策略的决定，在人类普遍的历史发展进程中，不过是短暂的时刻。在人类发展的一般进程和短暂的策略需要之间，列宁作出了区别。只有认识人类历史的普遍运动，才有可能制定出与人类实践相适应的正确战略决定。实际策略只有在与一般历史战略相一致时，才能是有效的。列宁把一般历史趋势归于战略，而把具体的阶段归于策略，只有在一种历史的科学理论和战略结构的框架内，人们才能前进到对现实主义策略的系统阐述，也就是导向具体实

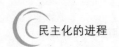

践的对于具体情况的具体分析。

　　毕竟恰恰是列宁的后继者他们自己放弃了历史—战略考虑的优先性。他们都认为自己面临着必须作出直接决断的情况，而在这种情境中理论—历史的眼力没有立足之地。就把策略的决定与一种长期的看法相联系而言，这些决定在绝大多数情况下也仍然缺乏一种真正马克思主义的理论—历史依据。于是，历史的发展方向是从当时具体环境下的实际策略上作优先考虑的。后来就有某种整体革命进步论被用以适应这些直接性的策略，由于这些策略的从属性和补充性，在方向发生转化时，它们总是易于被调整的。而且，由于不把理论严肃地当作一种指导路线，新的策略决定就能临时凑成甚至转向自己的对立面。斯大林和他那一代人失去了与马克思、列宁的真实信息之接触。这种理论程序的转换，在列宁逝世之后就成为对理论体系结构的修正，这一现象较早地发生在欧洲社会民主党人内部。正如与伯恩施坦的论战标志着社会主义历史的一个时期，列宁逝世之后马克思主义的僵化则划分出社会主义历史的另一个时期。但是，比较一下欧洲社会主义与苏联共产主义，就必须指出两个关键节点：一个是革命的布尔什维主义使自身与欧洲社会主义的渐进性相分离的时刻，另一个是策略的优先性使列宁逝世之后的布尔什维主义和欧洲社会主义两者僵化的时刻。欧洲社会民主党人的渐进性是与伯恩施坦相联系的。在其后来大部分新纲领中，社会民主党人对马克思的曲解，导致与马克思的革命理论的公开决裂，导致思想—实践方面的调整，以适应资产阶级政党所施展的操纵伎俩。与社会民主党人截然不同，在 1903 年的党代会之前，列宁就适应了马克思意义上的革命实践和策略的概念。然而，列宁的后继者却从列宁主义倒退，因而代表一种非马克思主义和非列宁主义的修正，类似于欧洲社会民主党人内部的倾向，把策略的优先性提升到真正马克思主义理论的地位。与马克思、列宁的思想相反，理论不再是策略决定的思想基础，而是事后炮制的，因而往昔只不过是一些诡辩性的"证明"。但是，对于斯大林和他那个时代要表明自己代表马克思和列宁的传统从而建立其合法性的人来说，这却是必要的。尽管它们实际上是马克思主义和列宁主义的畸变，这些意见却要表明斯大林和他的竞争者是对马克思主义理论的直接的继续、运用和扩展。

　　这种对马克思方法的特殊的"进一步发展"，并非是简单的炮制或发明。它直接发生于当时革命工人运动所处的现实状况，但经常立即陷入泥潭。这是建立和有组织地巩固工人运动最初阶段的特征，马克思被看作该运动无可争辩的国际领袖，这里个性化的理论、实践和策略的领导集大成于一人。马克思逝世后，这些职能委托给恩格斯，却并没有出现理论上质的变化。只是在恩格斯逝世之后，问题才开始发生在社会民主党中，比如马克思主义理论如何与日常的策略实践有机地统一起来？在一段很长的时间里，似乎考茨基与贝贝尔的结合能够解决这个问题。然而，在第一次重大危机（伯恩施坦论战）时期，党的领导愈益表明是与策略的至高性相结合的：理论似乎只是作为某种独立转向实践的范畴的辅助证明。［像梅林（Mehring）、卢森堡（Luxemburg）这样的理论家基本上没有影响力。］维克多·阿德勒（Viktor Adler），一个纯粹主义策略家，仍然控制了奥地利社会民主党的领导权，尽管党内有为数甚多更具才能的理论家。起初，普列汉诺夫在俄国社会民主党中的地位看似与后来完全不同，但即便在此阶段，"欧洲路线"也得到了贯彻与实现，尽管在形式上有很多变异。列宁在布尔什维克运动中逐渐地获得了地位，这使人联想到马克思和恩格斯所获得的那种地位，并且 1917 年的革命使列宁的声望上升到国际的高度。

　　俄国共产党内争夺领导权的斗争，集中于寻找一个列宁的继承者。这位继承者要能够接掌共产主义运动的领导职能，并有与马克思、恩格斯、列宁相比拟的那种理论与实践—策略多方面相结合的才能。托洛茨基，这位革命上升时期强有力的民众领袖，由于在采取正确策略行动方面无能，在总体上不适合这个位置，即使他的推崇者和第一传记作者艾·多伊彻也承认这一点。除了某些我们将在后面谈到的具体因素以外，斯大林对托洛茨基的胜利，是一种聪明的、善于算计的、比较高级的策略家的胜利。这也是斯大林的部分策略，就是把他的胜利描述为代表列宁的正确学说战胜对列宁的歪曲。但是，在战胜对手之后，斯大林并不满足于只起一个列宁的忠实信徒的作用，而是逐渐地（往常采用机灵的策略技巧）创造环境使自己在公众中的形象成为伟大前辈的真正追随者，并且是有着较高领导技巧的前辈的追随者。在争夺马克思和列宁的遗产的斗争中，斯大林进一步成为胜利者，因为他设法使自己变得似乎是在为革命工人运动建立一条马克思—恩格斯—列宁—斯大林的传统路线。尽管斯大林实际上扭曲了马克思主义，但在斯大林的历史时代，

他被看作像列宁一样使这个传统保存下去的人物。

然而，斯大林本人只不过是一位极为机灵和敏锐的策略家而已。（我们将看到他的政治生涯显露着这类片面才能的优势与弱势。）即使在列宁逝世之后的最初时期，他已懂得如何巧妙地使用策略。他经常不独自采取决定性的主场，而知道如何把他的策略性的谨慎装作一种最高政治原则的范例。他让各种竞争的倾向和个性在当时凸显出来，并互相消灭。他也熟练地从对手那里窃取能为他所用的一些纲领性的思想。他的策略机敏性的最重要的实际成就，就是把各种政治统治的工具（政党、国家和群众性的舆论媒体）逐渐地集中在自己的手里。当他把自己置于宣布他的任何决定都相当于列宁主义民主原则的地位时，他的整个统治模式就达到了顶峰。在他毁坏列宁主义的同时，他就能够利用列宁主义的遗产来巩固其自己的权力。

在前文中我曾经指出，对列宁来说，核心问题、战略问题是人民革命（工农联盟）的维护和坚持。新经济政策的至关紧要的问题，是工业生产的恢复，对于列宁来说，这首先是他重建工农联盟的必不可少的工具，而这种联盟事实上正是俄国1905年和1917年革命中其政策之轴心。从这个政治视角来看，他经常注视工业基础建设所预期的漫长和充满矛盾的过程。众所周知，对于外国资本暂时参与俄国工业的经济恢复过程（租让制），他甚至准备允许让步。这个计划成为未能实现的梦想，并不是他的过失。他逝世之后，中心的问题变成：谁应当是这个经济复苏过程的受益者？谁应当为经济复苏付出代价？左派（托洛茨基和普列奥布拉任斯基）要求一种"社会主义的原始积累"政策，也就是牺牲农民的农业而专心致志地快速进行大规模工业建设，而右派（布哈林）则把工业的恢复和向更高层次发展的中心经济问题，看作工业向乡村提供必需商品的能力问题（口号是："让你自己富起来"）。基本上两派都把问题归之于纯经济范畴，这就必然产生极为深远的政治后果。对于两派来说，被列宁视为关键的工农政治联盟的见解，都在实践上和理论上几乎被排除了。仅仅由于这个原因，超越俄国发展进程的斗争，也就单纯局限于策略的选择上，在绝大多数情况下，这种策略的选择，完全取决于领导者个人，这也因而违背了列宁的原则。从论断的理论准则上说，斯大林与他的对手并没有什么不同，而只是在策略方面高于他们。斯大林极力从阻拦托洛茨基成为党的领袖这一目标上探讨策略问题。他在左派与右派之间来回调动，机智地周旋，让一派去消耗另一派，当两派都遭到政治的毁灭之后，他便能篡夺"社会主义的原始积累"的纲领，然后以强有力的方式和极为粗暴的手段将其落实。

只是在列宁逝世之后，由于着重强调"一国社会主义"的问题，才把超越俄国发展进程的两派斗争复杂化了。在"一国社会主义"的问题上，1921 年之后，从不平衡发展的理论出发，列宁坚信社会主义革命不会扩展到俄国之外，不可能在全球同时爆发和取得胜利。然而，在1921 年以前，像他的许多同时代人那样，列宁起初提出的思想是，俄国革命只是形成解决战争危机的那个浪潮的开端，随着战争危机的解决，浪潮很快就会波及最重要的资本主义国家。只是到列宁晚年，特别是在他逝世之后，许多事件证明，尽管在个别国家有着客观的革命条件和零星的短期的革命成功，但由于缺乏主观因素，社会主义在世界范围内取得胜利将无法实现。除了克服俄国革命的主要问题，即它的非经典性质之外，现在又增加了另外一个问题，即在一个国家，革命如何能在没有任何外力支援的情况下，通过社会主义建设保存下来，并且坚持走自己的路？在客观的社会历史现实内部，这两个问题综合形成不可分离的统一体。由于俄国的孤立地位，克服它的经济未充分发展这一问题，就在本质上成为政治思考的中心。在解决这个问题的范围之内，苏维埃俄国现在唯独留下它自身的经济资源。然而，苏维埃俄国在全球范围得到了道德心理上的支持。的确，对资本主义国家内劳动人民的意识形态影响，以及他们对俄国革命的同情，是极其重要的心态性因素。这些道德心理的成分不会仅仅是精神效应，而且还能够经常地，特别是在危险的时刻，发展到实际的物质上的支持。当俄国人得到道德的支持时，他们并没有得到经济的援助。国际无产阶级的意识形态的赞助，并没有对俄国国内主要的经济问题提供任何实践上的解决。历史的命运使俄国面临以下设想和争论：完全依靠它自己，俄国能否在一个国家内保持社会主义的胜利，并且奠定社会主义建设所必需的工业基础？

在回答这些有重大争议的问题的基础上，苏联内部各种力量展开了权力斗争。同时我们亦看到，这些争夺权力的力量如何放弃了马克思和列宁的富有生命力的整个方法论原则。在列宁逝世之后，这些好斗的阵营，单纯由策略的变动和反向变动来支配。最为重要的是，俄国革命具有非经典性起源这个问题从党的讨论中消失了。争论的一般理论原则日益被归结为相信生产资料的国有化——无产阶级专政的国家形式——提供了俄国面临的复杂问题的一切本质回答。在相当长的一段时间里，克服经济的落后性依然是苏维埃政府的中心任务。由于落后性问题是唯独从经济的角度提出的，而正是那些问题与民主的问题相关，因而涉及复杂体系的政治问题却被排除在争论之外。俄国共产党陷入经济主义的泥潭，而不提及俄国社会主义发展的民主方面。"一国社会主义"的问题代替了更为重要的俄国革命的非经典性质的问题，因此苏维埃的争端走上了歧途。"一国社会主义"的问题甚至被简化为社会主义是不是有可能单独在一个国家内生存和发展的问题。对这个问题的回答，又首先给予纯策略的考虑。每个人都知道，一个国家的社会主义发展，必然需要一个漫长的历史过程。然而，如果人们得出结论，认为一国社会主义的发展，只有依靠社会主义革命首先在发达国家发生才能完成，那么，随之出现的策略和意识形态的结果就必定采取以下两种形式：或者世界革命必须尽一切办法加快，或者由于世界革命没有发生，党就必须使自己承担起以最高速度建设社会主义工业基础的义务，而不惜一切人力成本，并且不能确定在这些让个人付出很大牺牲的严厉手段下究竟能否形成必不可少的工业基础。托洛茨基本人虽然相信会出现某种国际的前景，他主张避免采用粗暴的简单化办法处理这一难题。由于缺乏一种真正的革命发展的理论，错误的选择便不可避免地要在公众的舆论和争论中起着如此重要的作用。

作为一位机灵的策略家，斯大林通过运用抽象宣传而富有效果的手段，使得这些扭曲的选择成为经济争论的中心。他断言，对苏维埃成长进程问题的唯一可能的马克思主义的回答，就是在一国可以完成社会主义建设。当然，几年之后他便被这种独断的策略宣传式解决方式误导，看来他把它误视为一种真正的理论，用废话来炫耀，说什么在一个单独的国家，不仅社会主义，而且向共产主义转变都是可能的。鉴于这个原因，并且估计到俄国被资本主义包围，他提出国家和它的一切对外对内的镇压手段都必须继续存在。正如当代的一位智者所说，在斯大林的共产主义中，每一个人都要按照需要被锁在集中营里。在此我们不从理论上来讨论这种讽刺话的内容与斯大林主义内部策略优先性之间的相应性，因为我们下面还将回到这一点。指出这一点无论如何是有用的，即策略优先性问题直到苏共二十大上批判"个人迷信"时仍然没有受到批判。尽管赫鲁晓夫频繁地并且颇动感情地批评了斯大林，但他本人仍然是一个经济主义者。赫鲁晓夫提出共产主义的引进依赖于经济生产力达致一定水平的成就。当俄国达到那种超过美国的生产力水平时，共产主义就会变成现实。赫鲁晓夫只考虑经济的前提，而共产主义还包括政治和民主的前提的思想，他却不予考虑。不管怎样批评斯大林，赫鲁晓夫仍然局限于斯大林主义的范围之内，因为他把社会主义和共产主义看作经济的生产力的同义词，而不允许社会主义民主化的学说进入论争。

让我们回到我们现在的主题。后来的斯大林，在布哈林集团的帮助下，迫使托洛茨基—季诺维也夫—加米涅夫派别失去权力，并随之占用了后者"社会主义的原始积累"的纲领的经济内容。他不使用托洛茨基—季诺维也夫—加米涅夫派别的术语，而把他们的理论剽窃装扮起来。随后，他转而反对先前与之结盟的布哈林集团并利用托洛茨基—季诺维也夫—加米涅夫阵营的思想作为他的策略口号，来击毁布哈林集团。在此我们不能详细涉及斯大林的诡谲政策，尽管这对独特的马克思主义的分析是十分有用的。我们只能追溯斯大林极权主义得以出现的某些行动原则的理论基础。正如我们已往看到的，斯大林的方法论原则，是策略考虑的绝对优先，而把马克思主义关于社会主义发展过程总体性的学说置于完全从属或干脆不顾的地位。斯大林的胜利，得益于这样的事实，即他的对手们和他自己一样，不去从事马克思列宁主义学说方面的战略建设。虽然斯大林的对手们有着与斯大林同样的方法论错误，其差别在于斯大林在政治上较为高明的机动能力和他的比较成熟的组织机构。托洛茨基经常从一种普遍革命的眼光出发，曾经注意到1921年后世界范围无产阶级革命的衰退，但还停留在夸夸其谈的言辞上。布哈林则是从教条主义设计的半实证主义的思考出发，而从来不以辩证的方式思考。由于这些方法论上的缺陷，托洛茨基与布哈林本已次于斯大林的策略能力，更加削弱了。由于缺乏任何理论的洞察，他们遂变得僵化和停滞，因而再度削弱了他们本质上有限的策略能力。在这种条件下，斯大林的胜利就不是偶然的了。他的胜利并不表现包含在斗争中体现出来的个人所固有的才能，因为托洛茨基和布哈林肯定比他更有才能。他的胜利来自他精明的策略。曾有人坚持一种看法，认为托洛茨基和布哈林对于引导俄国走上社会主义建设道路比斯大林有着更好的准备，但这是错误的，因为这种看法忽略了这样的事实，即斯大林的对手们实际上都没有一种与现实环境相符合的马克思主义—列宁主义的基本纲领。他们也表现出巨大的理论上的差别。另一方面，还要看到，斯大林总能够把自己表现为列宁的唯一合法的继承人。他把自己表现为列宁的真正的接班人，这就有助于他的统治的合法化。在斯大林取得最终胜利之后，几十年来，这种观念植根于国际共产主义运动中，由于在斯大林去世之后继续发生作用，因而妨碍了人们对斯大林与托洛茨基、布哈林之间的这种权力斗争的具体起源作出确切的、历史的描述。

第六章　斯大林的方法

　　我们已经强调指出，斯大林方法的症结是依据策略优先于战略的原则，甚至是策略优先于作为社会存在本体论内容的人类总体进化道路的原则。但是，我们也已经看到，这种方法论问题不能单独归咎于斯大林个人。策略的优先性问题，不仅仅是俄国或斯大林主义的问题。这是19世纪末和20世纪欧洲社会主义内部占统治地位的趋向，这种霸权表现为多种形式。它是欧洲社会民主党人中占优势的倾向，由于有完全不同的阶级内容，因而以完全不同的目标和政治步骤来运用这种方法论。俄国共产主义内部的这种策略霸权，与其说是苏维埃所特有的现象，毋宁说是采取了一种现存的、当代偏执的倾向。它是（自觉或不自觉地）采纳资产阶级所谓"现实政治"的一个例证，成为西欧国家内部以各种意识形态为借口而占统治地位的活动方式。整体而言，列宁的后继者们并不是他们的西方对手们的单纯模仿者。比如，我们已经指出，布哈林倾向于对马克思主义作实证主义的解释。此外我们还必须补充的是，远在列宁逝世之前，季诺维也夫的实践便提示了某些与社会民主党人的党内实际操作有密切联系的倾向。

　　这些都必须通过确切的历史探讨而作出特殊的说明。我们容易发现有决定意义的意识形态动机：它是对马克思主义关于社会发展总过程中经济地位概念的背离。那时候，在整个工人运动中，关于经济地位的这种观点原是得到广泛流传的。马克思主义遂退化为经济简化论。这与如下事实有直接联系，即知识的专门化导致各类科学相互分离。稍作变动，工人阶级运动及其理论体系便采纳了这种劳动上的分工，科学中的各门学科互相独立。马克思把经济确定为更为总体的历史过程的物质基础。在 20 世纪，经济已被定义为一门或多或少"精确"的特殊科学。比如，从这种实证主义的观点出发，希法亭把马克思主义经济学解释成与任何意识形态都相一致。然而，把经济学看作一门孤立的科学，进而受到社会进化的单独因果决定，便将失去它与整个人类历史命运的有机联系。马克思视经济为社会进化的一个因素，并认为与其他社会因果的决定性因素是有机地相互联系的。因此，特殊的科学，一旦从与其他因果性动因的相互依赖中分离开，就容易陷入单纯的策略。在他的同时代人（包括支持者和贬损者）中，列宁对于把马克思主义的经济概念看作单纯的工业生产力的这种曲解，反对得最为彻底。

这种把经济学转变为一种孤立科学的过程，是把方法论基础建立在可操作性上的。这一过程并没有征服所有的政党或运动。只是在共产主义运动中，这种操作经济的过程才有可能充分展开。在社会民主党的内部，经济操作的目的在于对资产阶级社会的调节，而这就通过修正主义，导致与马克思主义的完全决裂。斯大林首先在理论的层次上曲解了经济的意义，而这种曲解就成为他粗暴地操纵社会主义发展的一种工具。当斯大林把经济学曲解为一门专门化的实证主义科学，以及使经济学与任何政治的联系相分离时，他就可以宣称把全部精力集中在工业增长上，并以这种方式来建设社会主义，而完全忽视社会主义的民主问题。人们不应当忘记，布哈林老早就用一种实证主义—机械论的归纳，把马克思主义的生产力概念确定为简单的技术工艺学。这种观点在理论上的错误，这里不能详细地讨论。[1]我们只希望引起读者对这种观点的重要的理论—实践后果的注意。布哈林设想，古代世界的奴隶制是技术水平不发达所造成的经济后果，而马克思本人则把这种技术水平的不发达归因于古代世界的奴隶制基础。很清楚，布哈林的技术决定论必然导致的理论僵化的结论，是以一种经济有限的概念为基础的。对马克思来说，经济学绝不只是技术，绝不只是一种专门化的孤立科学，而是在一个较大的总体社会构成内部的一个因果性因素。马克思把社会总体性概念置于首位。在涉及古代世界自然科学的发展时，他认为较高的技术是完全可能的。的确，在社会的总体性上没有对进一步发展设置界限的地方，技术成就便前进到较高的水平。比如，在军事工业方面便是如此。[2]我们只是提到布哈林的方法论概念，因为在主要纲领上它成为斯大林时期占支配地位的意识形态；然而也有不少修正，这一点我们将在后面指出。以马克思主义的正统面貌出现，这种方法论（把经济学看作脱离社会的人类起源和发展学的总体历史过程的一门精确的专门科学）成了一个工具，用以在社会主义条件下建立一个对社会进行官僚式操纵的系统。

关于这一点，斯大林自己比布哈林和其他领导成员中的竞争对手，甚至要表现得更为清楚。随后（1952 年），在他作为世界共产主义的理论和政治领导者的地位完全巩固时，并且当他被视为马克思、恩格斯和列宁的合法继承者时，他出版了一本题为《苏联社会主义经济问题》（*The Economic Problems of Socialism in the U.S.S.R.*）的小册子，其主要的策略和宣传的目的，就是要矫正社会主义经济学说中的"主观主义"的脱轨，使它回到原初马克思主义—唯物主义的基础上来，使马克思主义的价值法则（在社会主义条件下）重新成为经济学的理论与实践的基础。然而，在斯大林时代，主观主义只能被解释为对生产的官僚主义操纵。官僚主义操纵经济图像和数字的目的在于把被充满质疑的发展（甚至是停滞）在公众面前描述为进步，把某些特殊的做法说成是人们为了快速发展而必须付出的代价，并且把各种批评的见解宣布为非法。人们应该记得，在 20 世纪 30 年代，有一段时间，政府禁止统计人均生产数字，因而它被称作一种向资产阶级的偏离。这项禁令的目的是不让居民知道，苏联生产的提高比资本主义世界落后到什么程度。鉴于苏联的（国土）面积广阔，当前生产与前些年的比较，在统计数字的解释上，可以出现重大的差别——由于禁止批判性的考察和对事实的接近，经济发展的实际速度是能够对居民隐瞒的。马克思主义的价值规律的恢复（它本身是正确的），目的在于限制官僚主义操纵的最极端的形式（歪曲经济现实的主观主义）。

但是，斯大林回到马克思主义价值规律的真实意义何在？首先，也许与其说是错误，不如说是出于策略性思考，他把价值规律本身与价值规律在商品交换中的表现混为一谈了。在涉及生产中价值规律的意义时，他作了如下的表述："问题在于，抵偿生产过程中劳动力的耗费所需要的消费品，在我国是作为商品来生产和销售的，而商品是受价值规

律作用的。也正是在这里可以看出价值规律对生产的影响。"[3]在这段话的上下文里，当他谈到价值规律的另外的决定性方面时，他把方法整个地表现得更为清楚，这是我们感兴趣的。我们看到，为了估计价值规律在苏联的计划经济中所起的波动作用，并且决定它的实际价值，他不得不把自己置于与马克思公开相悖的位置。他在政治上的需要要求他违背马克思主义的方法论。他推测，由于他对党的霸权控制，那时在俄国没有人会指出他与马克思的矛盾。因而他公开而毫不含糊地提出了价值问题：

> 有人说：价值规律是一切历史发展时期都一定适用的永恒的规律；如果说价值规律在共产主义社会第二阶段时期会丧失其交换关系调节者的效力，那么它在这个发展阶段中仍将保持其各个不同生产部门相互关系的调节者、各个不同生产部门劳动分配的调节者的效力。
>
> 这是完全不对的。正如价值规律一样，价值是与商品生产的存在相关联的一种历史范畴。商品生产一消失，价值连同它的各种形式以及价值规律，也都要随之消失。[4]

我们引证这一大段话，是为了清楚地表述斯大林的思想，并证明这与马克思的思想是有差异的。马克思谈到价值规律的多种形式，不是在极难理解的段落中，而正是在《资本论》第一卷的开头部分。马克思至少区分了价值规律的三种不同的形式，即鲁滨逊式，中世纪里自给自足的农民家庭式，以及社会主义本身的形式。劳动时间，也就是当前的社会必要的劳动时间，价值的直接经济客体，在这里有着双重作用："劳动时间的社会的有计划的分配，调节着各种劳动职能同各种需要的适当的比例。"另外马克思补充说："劳动时间又是计量生产者个人在共同劳动中所占份额的尺度，因而也是计量生产者个人在共同产品的个人消费部分中所占份额的尺度。"[5]马克思把劳动时间确定为价值的实体，斯大林则把价值确定为商品交换。与马克思的思想直接相悖，斯大林断言，不只是供个人消费的某些商品，而且在生产总额中生产者的个人的全部份额，都受价值规律支配，这就形成了重大差别。在马克思看来，由于每一个生产者在生活资料中所得而有的部分，是由他的劳动时间决定的，在社会主义条件下，如果能剥夺劳动者的劳动时间，那么劳动剥削就能够存在。然而，在斯大林看来，在社会主义条件下，价值规律不可能存在，因为社会主义消灭了商品交换，而商品交换才是剥削的基础。这样，在对历史的社会主义阶段进行分析时，马克思与斯大林便不一致了，因为马克思主张，在社会主义条件下剩余劳动继续存在，而斯大林则认为，由于社会主义消灭了商品，也就必定消灭了剩余劳动。

在马克思看来，价值规律并不依赖于商品生产。而斯大林却坚持这种相互联系，这绝不仅仅是一种语言上的疏忽。斯大林对马克思的方法论的曲解，具有实践的后果，因为这导致他曲解社会主义的定义。关于社会主义建设的一个荒谬的定义，以宣传的方式出现了，斯大林像是有意识地想要把对马克思的一种荒谬的解释代替真实的观点。为此，斯大林采取了如下一种伎俩，即把古典经济范畴描述成好像只是资本主义历史的表现形式，因而不再在社会主义起作用。然而，按照马克思的观点，这些古典经济范畴对任何生产方式都是适用的。斯大林的意图是要把他对社会主义的操纵形式表现为马克思主义的理论上和政治上的实现。我们要想更进一步理解对马克思主义的斯大林主义的公式化与妨碍甚至毁坏社会主义民主之间的联系，便要对斯大林在《苏联社会主义经济问题》中误解马克思的剩余价值概念作出分析。为从政治上获得统治合法性，斯大林强制性地把他统治下的苏联描述为在走向社会主义的正确道路上；为了证明这一点，斯大林就必须篡改马克思的原本意思。政治的需要导致歪曲方法论的必要性，而错误的方法论又导致政策的严重缺陷和误入歧途。斯大林说，我考虑的是"'必要'时间和'剩余'时间这样一些概念"。在斯大林看来，马克思在对资本主义生产的分析中正确地使用过这些范畴，但是为指明在生产资料社会化之后，这些范畴会如何失去其意义，他继续说道："现在来讲'必要'劳动和'剩余'劳动，也是令人非常奇怪的：仿佛在我国条件下，交给社会去扩大生产、发展教育和保健事业以及组织国防等等的工人劳动，对于现在掌握政权的工人阶级来说，并不是像用来满足工人及其家庭的个人需要的劳动那样必要的。"[6]换句话说，在社会主义条件下，剩余劳动不再存在，而只有必要劳动。

这里我们涉及马克思的"必要"与"剩余"劳动之间的差别，并且我们关注经济的再生产过程。与斯大林的论点相对立，在此我们必须指出，一个劳动者为再生产所付出的社会必要劳动，和他超过这个劳动所完成的劳动（剩余劳动）之间的差别，并不仅仅是资本主义的一种特征。而且一般地说，从原始历史到共产主义的再生产过程的发展中，剩余劳动是一个十分重要且必不可少的经济特征。回忆一下历史事实就足以说明问题：与起初杀死甚至吃掉被俘虏的敌人相区别而比较进步的奴隶制，其经济基础是在经济上依据这样的事实，即奴隶在他自身个人再生产所必需的劳动之外，能够提供更多的劳动量。马克思也指出，在奴隶制（与农奴制和雇佣劳动制相区别）中，劳动者为自我生产的必要劳动很不明显，正如剩余劳动，即超过自身再生产的必要劳动之外的劳动的增殖，在资本主义的雇佣劳动中却十分明显地增长着。然而，这必然是一种假象，也只不过是一种假象。所有这三种经济形态——奴隶制、农奴制和雇佣劳动制——客观上都取决于统治阶级对剩余劳动的占有。尽管这种剩余劳动的占有在历史上表现出形式的多样性，采取了直接的和公开的暴力以及经济强制的手段。但是，社会经济生活较高发展的两个最基本的前提便是：为个人再生产所需要的社会必要劳动却呈现出不断减少的趋势；与之相一致的剩余劳动却呈现出不断增加的趋势。在马克思看来，剩余劳动一般地直接成为一个社会剥削机制的牺牲品，乃是经济进步的一个确定的规律。然而，依赖于不同社会形态的不同结构，占用剩余劳动能服务于发展一种较高的人类个性的普遍的社会目的。

生产资料的社会化排除了通过私人财产所有占用的剩余劳动。但是，它无法超越经济再生产的基本结构，它只是建立一种崭新的社会形态，以使对剩余劳动进一步的社会应用成为可能。马克思对生产力水平提高过程中经济—文化的本质作了如下的概括："个性得到自由发展，因此，并不是为了获得剩余劳动而缩减必要劳动时间，而是直接把社会必要劳动缩减到最低限度，那时，与此相适应，由于给所有的人腾出了时间和创造了手段，个人会在艺术、科学等等方面得到发展。"[7]在《哥达纲领批判》中，他用相当严厉的一行，批驳了拉萨尔的庸俗化观点，后者的观点认为，社会主义只是意味着劳动者能占有他的"不折不扣的劳动所得"。在对拉萨尔的批评中，马克思强调，剩余劳动必须包括对于维持和进一步改善生产本身所必要的全部耗费。它必须能够支付一个社会的行政费用，诸如学校教育、保健机构等一般需要。马克思正确地强调，在社会主义条件下，这些社会服务比在以前的社会形态中较好地获得了资金支持。这些一般的需要还包括给残疾者的基金。按照马克思的观点，这些社会需要决定着社会主义条件下为个人消费、为劳动人民的个人自我再生产的经济界限。斯大林把拉萨尔的基本错误概念简单地加以颠倒，并宣称社会主义条件下剩余劳动的范畴已不存在。我们已经从他的论点中作过引证。我们看到，拉萨尔接受了某种错误观念，即认为社会主义意味着劳动的社会产品已转入个体劳动者自身再生产的直接领域；斯大林则简单地把间接的经济因素等同于直接的经济因素，认为没有商品交换，劳动者便不再生产剩余劳动。斯大林和拉萨尔二人都歪曲了社会自身再生产的基本经济事实。他们这样做时采取了正好相反的方式。但在这两种情况下，他们都忽略了社会再生产过程中真正的经济和社会的中介作用。

　　为了把事情说明白，我们以教育为例来详加说明。教育事业肯定不直接包括在个人自身再生产的过程中。在资本主义条件下，教育的必要性只是产生于资产阶级社会科学技术的需要，并且是自上而下强加于劳动者阶级的，因为特殊的劳动过程不能由未受教育的劳动者从技术上去履行。但是，社会主义把这个问题置于社会的议事日程上，这在任何以前的阶级社会里是不可想象的。尽管如此，我们仍然既不热衷也不能放弃在教育领域的经济的洞察和沉思。与资本主义相比较，社会主义带着强烈的意识形态的折光引进一种本质上的新观念，即教育领域的这种经济洞察必须靠无产者自身的首创精神来解决。这使我们想起，在新经济政策时期，列宁把消灭文盲看作一项重要的政治和意识形态方面的任务。

　　当然，必须在确切的马克思主义意义上来理解意识形态。在《〈政治经济学批判〉导言》中，马克思把意识形态的形式确定为社会工具，以此人们自己意识到社会冲突，并以斗争的方式解决这些冲突。这个定义提示了意识形态内在辩证法的双重意义。一方面，社会冲突发源于客观的必然性和生产力与生产关系之间的决定性矛盾；另一方面，每一种意识形态同时就是一种复合的工具，使得人们自己能够意识到现存的社会冲突，并在实践中以斗争的方式解决这些冲突。与此相应，按照列宁的观点，消灭文盲是一个从俄国的落后经济中客观推演出来的问题。解决文盲问题是俄国自身固有的有意识实践的目标，而这种实践又是以劳动人民的意识和活动为中介的。因此，在所有生产资料社会化结束了剥削阶级的统治之后，就为无产阶级能够通过其自我活动来解决集体的日常生活问题扫清了道路。教育——就我们所使用的这个例子而言——在

这种形态下，能够从一种经济上被视为中介的上层建筑，变成使每个人的生活得以扩展和加深的一种力量。教育能够成为人们为自己而创造的一种社会力量。由于它固有的社会性质，教育能够产生在人的自我起源中，使人作为他特有的自我创造和自我完成而产生，并且成为他特有的自我的生产者。人的这种授权是从必要劳动时间的减少而完成的，马克思有一次称为"剩余的"，为了他们特有的自我再生产，于是更多的剩余劳动时间能够运用于人的自我创造的任务中。

当然，归根到底，社会环境是确定剩余劳动的使用的决定性环节。生产发展的水平，为了工人阶级进行自我再生产的劳动必需的减少，对这种剩余的物质内容的意识形态的斗争，便是由社会的客观规定的现象所引起的。作为这种社会的客观原因综合形成的结果，它们自身必须首先具备社会的性质。然而，这里问题的复杂性是与民主化的问题相联系的，社会与个人之间存在冲突吗？是个人被吸收到社会中，还是在社会与个人之间有一个加强两个支柱的相互补足的过程？个人的行动能不能完成两个相互的且同时发生的结果：它们能否产生一种导致社会生产增加的社会结果？它们能不能发展个人的个性，促进、丰富和加深每个主体早期的个性之形成？我们原先已经提到马克思考察后的意见，即自由王国意味着作为自身中的目的是有效的人类力量的展开。这意味着超越经济和跨越基础因而就可能超越必然王国的一种实践模式。在《哥达纲领批判》中，马克思论及这种对经济统治的超越，断言劳动不只是谋生的手段，而且成为生活的第一需要。

社会与个人之间相互作用的思想是不是一种乌托邦主义的表述呢？这看来是事实，也的确是事实，就像我们把现在与将来分离开，在当今的现实与想象的未来之间划上一条明显的界线。不过，如果我们不把社会与个人作为对照的条件，而作为整个社会过程互相补充的两极，并且同意列宁的观点，我们所称的社会主义或无产阶级民主，正是这种创造性地使主观的东西与客观的东西相互结合的具体过程，那么，事情便像是有所不同了。在这种情况下，作为共产主义的第一阶段，作为一种特殊的社会形态出现，社会主义的经济结构，它的人与人之间的合作，只能通过社会与个人的相互作用而得到适当的发展。这些外在于和独立于人而存在的社会结构是纯客观的。这些社会结构是社会固有的过程，与决定性的规律一致地发展，并且处于人的控制之外。人类的存在寓于这些客观的社会结构之中。社会客观性的规律不能被中止，但社会的发展在总体上是作为客观的事物与主观自觉的人类活动之间的相互作用过程而展开的。社会主义民主把人看作一种能动的创造者，这是人的类存在的真实性质，因为在日常实践中他是被迫活动的；同时，也把对象化的和人类劳动的客观产品，转变成人自己自觉创造和充满着目的的对象。社会主义民主是容许客观性的政治体制，不违背固有的客观规律，成为自觉活动的人的有目的的构想的一种工具。它是自觉性和自我规定性对盲目客观性的征服。作为自我规定性的胜利，社会主义民主把人的邻居、人的伙伴，由作为自身实践的障碍转变为一种必不可少的和积极的共事者与互助者。

当然，这种历史进步的意图、强度、内容和方向，是由现存于当时社会形态的经济水平来塑造和决定的。无产阶级革命使社会必要劳动时间的总体从资本主义的奴役中解放出来。包含在这种总体中的剩余劳动的量，显然是俄国工业发展的产物。俄国革命被导向一种客观的呆板的目标，正是因为其落后的工业发展要求社会必要劳动的一种连续的重大支出，因而其能够对全体人口隐瞒必要劳动和剩余劳动之间的关系。只要革命的胜利和保卫仍然是革命实践的直接核心，而起义的群众也热诚地卷入政治问题中，那么在由革命创立的直接民主政治结构内部，涉及的从最平凡的到有关世界事务最复杂争端的各种问题，都能展开讨论。这些直接的民主政治结构不仅允许俄国群众参与具有很大影响的全球事务，而且俄国所面临的问题也使全世界感兴趣。比如，我们还记得，国际氛围因布列斯特-立托夫斯克和平谈判而得到缓和。

这种表面上具有压倒优势的群众自发性，通过苏维埃的有组织的工作，仍然扩展、巩固并指向具体的目标。1871 年的巴黎公社，自发地重新出现于 1905 年的苏维埃运动中，成为 1917 年及其之后社会主义民主的典型模式。其激动人心的力量来自这样的事实，即它允许人们首先在他们的日常生活中、在他们的工作场所中、在他们的家庭里，为直接的政治运动而组织。在所有批判性的社会问题上，苏维埃或者逐渐地或者突然地帮助群众上升到革命的意识与实践。在苏维埃运动组成的最后阶段（1917 年），日常生活与政治的相互联系，在与德国签订和平条约的快速结论问题上，得到了牢固的融合。这里有着日常生活问题与那些最高政治意义问题之间的自发的相互交替。表现在苏维埃中的社会主义

的民主化，把主观的方面与客观的方面组合起来。时间的具体背景、1917 年的革命、1914 年的世界战争，促进了那些发展。

苏维埃运动在各处自发地发展，逐步上升到一个比一个高的自觉的水平。斯大林时期把列宁与卢森堡之间的争论编织成一种煽动性的曲解，某种所谓自觉的行为，被说成是完全与自发性相对立的，以便贬低自发性的社会意义。斯大林夸大了列宁与卢森堡之间的对立，把列宁塑造成群众自发性的反对者，他这样做是为了加强党对群众的支配性的控制。但是，斯大林把列宁描述为对这种官僚主义和操纵行为应负责任的权威，实际上列宁对自发性并无敌意，并且把它看作"自觉性的**萌芽状态**"[8]。的确，革命寻求并经常自发地建立那些制度化的形式，这些形式能够为俄国社会的真正革命化而建构政治体制，这些形式自身为了人的活动扩展了的层次而创造机会。自发的群众运动提高了人的自我规定的意识，并且表明有关客观现实的知识如何能转变为一种人的有目的的活动的工具。这只有在日常特殊利益与重大普遍问题之间的联系，为使人们卷入日常生活的关怀而成为现实时才会出现。革命的情境不同于寻常的日子，因为这种情境要求行动。单从理论上把握革命情境是不够的。显然，在这种背景下形成自觉，并不单纯意味着接受和理解"信息"，而是为了一个人的自身行动从意识向指导的内在的转变。这种自发运动朝向一种实践的目的，我们将在后文详细讨论。现在，令人满意的是，我们自己观察到，1917 年的革命——多亏了列宁对共产党的领导——才有可能把日常生活与社会和国家的重大问题结合起来，由于这个缘故，苏维埃政府就不会在人民日常生活中失去统治基础。

痛苦的国内战争把苏维埃运动的成就提升到难忘的高度。与此同时，起源于沙俄时期不发达的经济因素，暗地里削弱了苏维埃的成就。这些经济的陷阱被革命时期的成功掩盖。列宁认识到这种危险的进程，于是他突然改变方向，从理论上和实践上否定了"战时共产主义"，而引进了新经济政策。他看到——并且这是官僚主义政治造成的主要危险——自发的人民革命的统一，工农联盟实现他们摆脱资本主义牢笼的共同解放，有走向分裂的危险。在列宁时代，这种工人与农民的革命联盟是由党自觉组织和支持的。国内战争之后，俄国大量的经济问题开始显现，这不能由 1917 年的革命自发性来解决。新的问题要求新的解决方法。和平的巩固和社会主义民主较高发展的需要，为工人群众提出了新的问题，即使最诚挚而坚决的革命热情，也不足以解决这些问题。（对此列宁在引进新经济政策的有关演说和著作中说得极为清楚。）

这些困难的任务，在一个不发达国家由于社会主义的非经典性起源，就变得更复杂了。从表面上看，这只是一个量的差别的问题：在一次帝国主义战争之后的年代里，随后又有各种不可避免地带有破坏性的国内战争，即使在一个高度发达的资本主义国家，也必须进行一个时期的经济恢复。这样的时期会有两个首要的目的，处于所有社会实践的中心：国家在经济上的重新建设和超过工业增长的战前水平。苏俄不仅关注经济的重建，而且关注使经济前进到一个前所未有的水平，为社会主义社会的建设提供一种合适的基础。如果我们抽象地说两个时期，一个是相对短暂的转变时期，另一个则是持久的历史时代，转变时期与历史时代之间的差别只是一种量的差别，一种时间数量上的变异。然而，从社会现实方面说，转变与时代之间的差别，则是具有决定性的质的差别，因为它不涉及时间，而涉及人类生活。如果我们所说的转变，是指能够完成的经济恢复与发展，那么我们所指涉的就是能够完成这些任务的那一代人。（这种转变可以十年计。）但是，如果我们所说的历史时代，是致力于经济的恢复和发展，那么我们就涉及人类生活的几代人，不得不将他们的主要目的和艰苦努力，与其集中在真正的社会主义建设上，不如集中在只是作为社会主义的经济前提的物质建设上。

上文扼要提出的问题，社会主义的客观未来经济基础的发展，对于苏联人民来说是颇为困难的，因为它提得紧迫，人民没有任何选择的余地。对于政治上自觉的人民来说，现实的历史选择可以具体化为以下的问题，即如果社会主义结构的客观经济基础是必不可少的，那么俄国的工业进步是否适合或者在多大程度上适合社会主义民主？对于工业的进步及其所带来的体制和社会形式的需求是不是符合作为社会主义民主前提的那些制度和社会形式呢？早先我们已经指出，当涉及由列宁的继承者的内部斗争引起的与经济的对抗时，没有哪个集团实现或者提出过这种选择。它们只关注经济问题，而忽视民主化的问题。因为它们仍然对民主的要求很不在意，而只把集中化的政府管理体制从上而下地布置下来。我们也已经提到，列宁在他生活的晚年，在从理论和实践上能够影响事务的范围内，是反对这种倾向的。民主与官僚政治之间的选择，形成了他后期著作的核心，这可以从他最后的著作《怎么办？》中看出。

我们也已经指出，从历史的高处可以看得更清楚的是，列宁的继承者们所持有的偏见，就在于容易倾向于把经济问题当作唯一的策略方面去思考。一种曲解了马克思主义的方法论，在理论的层次上就是把经济误解为一种实证主义的科学，而在实践的层次上，由于俄国绝对的政治状况，便把经济看作服务于列宁的继承者们把社会政治实践转变为更策略的技巧的基础。斯大林也是这里犯错误的那些人之一。从我们一直在讨论的那些问题上看，他肯定不能被看作列宁主义方法论的继承者。

斯大林是比他的对手远为高明的策略家，然而这一事实并不能改变后期苏联有关发展方向的基本问题的任何方面。斯大林和他的对手们都从列宁那里倒退，都让政治在总体上受到策略考虑的控制。在这方面，在那些争夺权力的人物中，斯大林也是颇有天赋的一个，因为他以优越的灵巧和精明，在谋略上挫败了他的对手们。他成功地把自己打扮成列宁唯一真正而有价值的继承者。在随后几十年的政治讨论中，斯大林宣称与列宁的一致性，并将其深深地灌入共产主义者的意识中。而把这个由斯大林和他的机构系统建构起来的历史的传奇撕得粉碎，这应当是我们当代转变时期和努力重建真正马克思主义的重大意识形态的任务之一。尽管这个主题极为重要，但实际上直到现在并没有取得什么成就。列宁主义是马克思的精神生命之所在，却变成了正好相反的东西。斯大林完成了对列宁主义和马克思主义的这种改造，但他却能创造假象，似乎斯大林与马克思列宁主义之间存在着完全一致性。远为重要的是，在社会主义国家的共产主义队伍中，由于对斯大林的方法论的这种认可，马克思和列宁的形象也就被歪曲了。对于自我觉醒来说，这成为一种极为实际的障碍，特别是在斯大林时代的基本事实被广泛揭晓以后，对斯大林主义的历史的修正，成为一个极为紧迫的问题。

置于我们面前的是一份粗略的草稿，故此处不是彻底从事这项艰巨任务的合适之处。在这个纲要中，我们只来讨论方法论上的意见。如果它能有助于带来逐步详尽的探讨，就已经达致一定目的了。要使这种探讨建立在掌握现有的材料、文件和批评性的传记的基础上，是不可能的。斯大林一步一步地建立起一种欺骗性的意识形态机构。他的著作，充满着对马克思、恩格斯和列宁的引证，有时并没有什么基本的错误，但却是很琐碎的。斯大林描述他新方法的那些言论，和那些表明其与马克思主义相对立的地方，需要经过核对并整理为一种系统的方法论表述，这会表现策略的无限威力和它对理论的支配是如何落脚和凝结在这个基础上的。策略的无限威力的第一步，就是把马克思与列宁的原则简单化，甚至庸俗化。只要看一下《联共（布）党史》第四章中关于辩证法的著名的定义，就可以证明这一点。在第一次世界大战的第一年里，在准备即将到来的关于战争、帝国主义和社会主义革命的争论时，列宁在他对黑格尔的《逻辑学》的阅读中，特别深化和阐明了他的辩证法概念。然而，在《联共（布）党史》的那个著名的、经典的第四章里，我们得到的只不过是单纯庸俗化的东西，并在 20 世纪 30 年代用作马克思主义和列宁主义的完善的替代物。如果科学的调查和独立的反思被一种物化的虽然是生动的宣传方法的动员代替，那么，集中而直接的策略支配就能乘机得逞。

为了进一步澄清民主化的问题，虽然不可能作详尽透彻的分析，我仍要引证斯大林在关于列宁主义基础的演说中所作的有关理论的定义。他说，理论"是**各**国革命运动经验的概括"[9]。要想凸显斯大林与列宁的矛盾，只需要回忆一下我们早先引证过的列宁论述的段落便可做到，其中他把马克思主义定义为西方主要文化经验的综合。斯大林把理论限制为无产阶级的经验，而列宁则把马克思主义看作西方经验的顶点。我们也已经看到，在列宁探讨"国家的消亡"理论时，他是把它当作世界历史总体的一般趋向的一种发现来对待的，其结果能被马克思主义的人类解放事业利用。当然，这种解放必须与社会经济的可能性与局限性相一致。如果马克思主义脱离了它的西方文化遗产，如果它的哲学预设离开了其西方的先贤之成果，那么它就会与广阔的人道主义相分离，并且失去它的崇高目的。斯大林企图以策略的优先性来达到这种目的，便导致马克思主义方法论的一般庸俗化。斯大林主义通过对语言的技巧性操作，给人们以印象，似乎他保持甚至推进了马克思主义的本质，从而隐藏了马克思主义的这种畸变。这在日丹诺夫关于黑格尔哲学本质的著名论述中表现得十分清晰。为了完成辩证法的彻底具体化，斯大林发现有必要排除黑格尔的辩证法对马克思主义有启发性和有生命力的影响。为了证实黑格尔与马克思之间在"理论上"的分离，日丹诺夫把黑格尔哲学表述为对法国革命的一种反动的回应。以一种纯理论的形态，进行庸俗化趋向的一种概括：必须把马克思主义表述为某种新的东西，在资产阶级世界中没有任何先驱者，与以前的世界历史的发展没有任何关系。

斯大林主义对马克思主义的曲解是如此的明显，甚至在苏共二十大上对其开始进行批判时，就很快揭露出其重要理论建构之一完全是欺骗性的，这就是无产阶级专政时期有关阶级斗争日益尖锐化的命题。为了把对斯大林主义的这种正确的批评扩展为一种真正系统的分析，为了把这种对一个方面的抨击扩展为对整个斯大林主义体系的否定，我们需要在方法论上进行两点考察。

第一，有关阶级斗争日益尖锐化的观点，它本身并不是斯大林主义实践的初始的理论基础，而只是后来对这种实践所做的正当性证明。大清洗，即从肉体上消灭任何潜在的对立派领导的运动，在这一时期的到来，就是从这个极其武断的观点推演出来的。但事实上却得出了相反的结论：当时斯大林，从策略的考虑出发，作出决定要彻底地大批杀害所有的对手，甚至个别可疑分子，而阶级斗争日益尖锐化的理论的出现，就是为了证明这些政策的正当性并提供宣传准备。第二，必须指出，这不是一个孤立的事件，而是从客观和主观两个方面证明斯大林的特性和进程的一般方法。

有些为其辩护的理论将它生动地表述为希特勒与斯大林之间签订条约的结果。希特勒—斯大林条约有一种纯政治—策略的特征，并能够从多方面作出这样的评价。（我个人把它看作一种正确的外交策略。）与我们这里讨论的问题最为有关的是，斯大林把这个纯粹策略的技巧直接用在了第二次世界大战性质的定义上，即他认为出现的冲突是与1914年同一类型的帝国主义战争。那些忠实于斯大林的共产主义者（比如，在法国）接受这种看法，要用他们主要的努力去推翻他们本国的政府，而不是去反对希特勒的斗争。只是当希特勒撕毁条约并入侵苏联时，斯大林才改变他的说法，把第二次世界大战定义为一场反法西斯主义的战争。

斯大林的整个实践充满着这类对理论决定的策略性操纵。斯大林实践基础是由一般化的理论基础所支持的现存的策略需要，在许多情况下并不表现与事实或者与历史发展的一般脉络的相似性。毋宁说，理论只是为证明现存的策略而存在的。于是，当斯大林感到策略的需要，在20世纪20年代后期，根据极其细微的理论差异（分歧），把他的对手当作社会主义革命的敌人来抨击，这样就出现了一种"理论"，认为表面上细微的意见分歧实际上意味着最高的理论危险——掩饰敌人的一种错误的方式。在国际工人运动中，这种策略的优先性曾被看作最重要的理论的体现，当时斯大林把社会民主党人当作法西斯主义者的"孪生兄弟"来谴责，社会民主主义左翼被看作工人运动内部最危险的理论思潮。（对斯大林的方法论的批判是十分重要并受到直接关注的事。几乎像在斯大林时期那样，这种方法论目前仍时常发生作用。）

俯拾即是的这些事例，清楚地证明斯大林方法的内在连贯性：在策略的基础上回应当下的形势。理论的功能，只不过是代表随后作为马克思列宁主义方法论必然结果的已经作出的策略决定。在制度的内部，意识形态也成为一种操纵的对象。它失去了巨大的自由作用，在马克思那里，它有着矛盾的多样性和不对称性，马克思把意识形态看作以斗争的方式解决社会经济冲突的工具。而在斯大林主义支配下，一方面，意识形态表现为现存经济状况的机械产物；另一方面，意识形态表现为没有自身内容的材料，因而可以按照一个人的意志被重新铸造。这符合斯大林在他关于语言的论文中给予意识形态的定义。在那篇论文中，他特别强调意识形态发生的机械论性质。斯大林写道："上层建筑是某个经济基础存在和活动的那一个时代的产物。因此上层建筑的生命是不长久的，它是随着这个基础的消灭而消灭，随着这个基础的消失而消失的。"[10]即使在文体的层面上，它与马克思的差异也是显著的。对马克思来说，一种意识形态的消失，也是一个社会过程的结果。但马克思不把社会理解为受决定论的规律统治。在马克思看来，社会的发展，组合了决定论的和主观的因素，所以，总的运动是相对的非必然的过程。与马克思相矛盾，斯大林认为意识形态是被"调动"的，就是说，它们单纯是一种社会活动，也就是斯大林唯意志论的对象。

这类操纵的固有倾向将会指明一个对我们来说是最为独特的问题，即斯大林对社会主义国家的苏维埃结构的毁坏。我们前面试图表明，新兴的苏维埃制度的本质特征，便是对公民这一资产阶级社会理想主义的超越。社会主义历史的目的，是要结束作为日常生活的人与作为政治行动者的人之间的分离。作为政治的人，公民既民主又实践地活动着，不应该再作为一种理想的本质而与现实的人（民主制度下的人）相隔离。在资产阶级社会的背景下，这种现实的人是被教导按照唯我主义和实利主义的目标而发挥作用的。但是，在社会主义条件下，一种新的社会理想出现了，一个人的目的在于日常生活中他的社群性得到物质的具体的实现，所以日常的直接问题与普遍的国家的重大事务，是在和他的阶级同志的集体合作中解决的。我们已经指出，资本主义的革命崩溃，如何释放出一种广泛而深沉的热情，渗透在布尔什维克革命的最初年代的整个日常生活中，从而产生了一种国际的魅力，这种魅力起源于远远超出共产主义队伍而开展的有着巨大任务和热情的世界历史的戏剧之中。革命开拓了一种新的历史眼界，一种新的人类社会遂成为可能。从呼声的多样性里，我们引证布洛赫的诗篇《十二》，就是用以表明，有多少人回应革命所创造的可能性，现在相信他们能够达到一种生活，即把世间的、地球的、物质的东西与其内在意义结合起来。他们相信，革命使得关于人的类存在的合作性质的千年古老梦想更加趋向于现实了。

国内战争完成了互相矛盾的两件事情：它把激发起来的英雄主义的特征传给这个运动，同时，它也导致生活的官僚政治化。英雄时期结束，官僚政治化的问题产生了。在列宁去世之后的时期，官僚政治化问题的产生是有代表性的，它首先出现于俄国的社会主义的非经典性起源的经济。斯大林对现存问题的策略式解决，对可以作为社会主义民主前提而活动的各种倾向，从根本上进行了官僚主义的毁坏。苏维埃制度实际上不复存在。他们仅仅拘泥于形式，让一种政党的制度处于一定的位置，使国家的最高民主机构接受一种形式，使这些机构极其接近于资产阶级民主的软弱无能的议会制度。苏维埃制度的基层部分被缩减为只是通过选举产生的地方行政机构。列宁晚年为真正社会主义民主建设而作理论准备的全部努力都被消解了。在这时候，参与政治的或普遍的社会生活，即便在最好的情况下也只能证明他的活动不过是资产阶级公民的理想主义。在国家公民的生活中，统治的倾向是政治的普遍官僚主义化和行政的实践。在此有必要重申的是对于斯大林主义实践在其全部理论预想和后果中的整个核心，要广泛地或者深入地作出描述是不可能的。然而，据我看来，已经提到的方面，似乎足以弄清，这种实践如何推翻列宁依据客观的基础和主观的条件来完成社会主义民主建设的每一种尝试。

必须强调的是，我们这里论述的是社会主义的民主，而不是通常所说的社会主义。一切愿意维护列宁主义遗产的人对这些差别的模糊，都能够也必须作出批评。人们必须承认，斯大林担任俄国的领导者职务数十年，是党内斗争的结果，他完成了某些十分重要的任务。斯大林建立了社会主义的工业基础，但没有建立社会主义民主的政治基础。这些工业成就补偿了因布尔什维克革命的非经典性起源而形成的弱点。毫无疑问，这些有关俄国革命的非经典性质的问题，甚至到今天仍不能认为完全解决了，但看来很明显，苏联已经不再是 20 世纪 20 年代那样经济落后的国家了。这是斯大林的成就。现在，资产阶级批评家们想要忘记，他们一度谈到新经济政策开始时的资本主义有力的、部分或整体的复辟。运用战略上的术语，列宁把新经济政策描述为一种"后退"。但是，事实作了完全相反的说明，因为除了经济生活的重要领域内所有无可否认的问题以外，资本主义没有在俄国复辟，今日苏联①已成为一种重要的经济力量，是世界第二工业强国，而它上升到这种水平，却并没有在基本原则上作哪怕最轻微的妥协，生产资料的社会化仍然是社会主义的经济基础。

这个极为重要之点，在流行的讨论中总是经常被忽略。尤其值得注意的是，如果一个人——除许多个别因素之外——从推进社会主义民主的政治上失败的视角批评斯大林主义时期，像我们本书里所做的那样，那就更容易忽视这一点，同时，人们必须永远不要忽视斯大林在奠定社会主义的经济基础方面，以及随后的历史事件上的成就。比如，人们能够正确地断定斯大林在希特勒主义一时胜利上的愧疚，因为斯大林分离了德国的共产党人和德国的社会民主党人，从而妨碍了组成左翼统一战线反对希特勒。但是，如果人们没注意到，全世界必须首先感谢苏联防止欧洲变成希特勒帝国的一部分，那就会作出歪曲的判断。慕尼黑事件及其后果、法国官方策略的方式，表明西欧民主—资本主义力量既不愿意也没有能力去反对希特勒统治世界的计划。希特勒只是在遇到苏联才发现自己遭到了强劲的敌人，这个敌人会以最大的牺牲和不可动摇的决心达到完全消灭对手这一目的。即使在战胜希特勒以后，苏联拯救和维护文明的事业，在我们当今所处的时代仍然没有止息。人们能想到原子弹及其可能的军事、政治后果。当原子弹被用来反对日本时，每一个有理性的人都知道这个策略是不必要的，但是广岛事件却是美国帝国主义企图统治世界的前兆。原子弹扔下不久，某些不关心政治但老于世故的人，比如托马斯·曼（Thomas Mann），本身并不是什么社会主义者，

---

① 这里指 20 世纪 80 年代的苏联。——译者注

却清楚地发表意见，认为原子弹用来反对苏联更胜于反对日本。苏联在短期内能够生产它自己的原子弹、形成核对峙这一令人吃惊的事实，不仅预示着防止了第三次世界大战，而且预示着遏制了美帝国主义对世界的统治。

斯大林与其他政治领导人物，并不是这类有重大分量的世界事件的最终原因。他们个人的政治活动有助于实现那些必然超出现成经济结构的趋向。苏联作为世界和平的保卫者，作为帝国主义侵略的障碍，由于它的社会主义的结构，唯独能够坚持实现这种职能。由于苏联消灭了生产资料的私有制，在这个社会主义国家便没有站在敌对的利益方面进行反抗的经济集团。私有财产的根除，拔除了战争的经济刺激。生产资料的社会化确实建立了对和平政策的鼓励。尽管在个别事件上有不少策略性的错误，但苏联成功地发挥了它作为世界和平维护者的作用。对待战争的态度，甚至对待第一次世界大战及其所有经济、社会后果的态度，在资本主义国家中，有着完全不同的标尺。推动这些国家进行征服和战争的驱动力，无疑是工业部分，尤其是重工业，其在这类冒险中有着直接的利益。任何人只要对帝国主义时期的经济发展稍加关注，就会很容易地看到，现代工业发展最重要的进步都是军事工业和战争自身的直接结果。尽管反对大众的直接利益，但资本主义在广大群众参与爱国战争事业的思想动员中操纵公共舆论的成功，不需要我们在这里讨论。就绝大多数情况而言，在战争门廊背后集结的力量，在战争的解除或继续的问题上，往往强大得足以战胜与之相对立的群众方面。

在从私人或特殊集团的手中没收了生产资料之后，苏联便不再存在认为战争在经济上有利可图的社会群体了。在社会主义社会，不再有通过战争而制造社会分裂的任何经济基础了。任何战争都会带来消极影响，比如降低劳动人民当前或可能的生活水准。在所有的社会主义国家里，生产资料社会化的这些不自觉的决定性经济后果，是自发的和平愿望的物质条件。

社会主义社会限制军国主义的能力只与战争本身相关。至于战争的军事技术装备则是另一回事。我们不久就要探讨，生产资料的社会化如何作用于总体生产的正常职能这一问题。在我们密切考察这个十分重要的问题之前，让我们首先注意到，每一种社会主义经济制度，包括由斯大林主义的方法操纵的，过去是现在仍然是有能力在量和质两方面与资本主义生产相竞争的，但只是在军事领域。原因很明显。通过商品交换机制，资本主义——的确以特殊的限制——能够继续控制生产的量和质。可以理解的是，对于有计划的社会主义经济来说，特别是在斯大林主义的极度官僚化的计划形式和它的实际执行的困难条件下，要做到这一点是很难的。虽然我们不能在这里详细思考这个重要的问题，但我们仍然可以指出，在社会主义制度下，有可能在军事工业上——而且只是在这个方面——创立控制产品的量和质的有效的机构。武装部队做到这一点，是通过把军事命令——也只是把它——置于生产过程中对它所需要的产品进行检验的位置。武装部队只允许那些产品的实际生产，即通过适当的功能用途（即价值）的检验的那些产品的生产。显然，即使在这种背景下，某些判断的错误仍是难免的，但是对现实消费者产生的控制，形成了军事生产的量与质和民用生产的量与质之间的差别。这不只是个别或偶然情况的问题，而是涉及社会主义生产本身的普遍的客观结构关系的问题。只有在社会主义生产一般问题的背景下，才能讨论个别情况的成功或失败。

从纯经济方面来说，社会主义达到了两个主要目标。首先，它建立了一种普遍的和平政策的物质基础。其次，它发展了一种工业—军事的基础，使它成为帝国主义时期权力斗争中的一种有效力量。但是，对这些成就的官僚主义和意识形态的操纵，严重地降低了这类政策使社会主义革命国际化的能力。特别是纯策略的决定和与之相应的社会主义意识形态的操纵，把革命实践降低到单纯国家权力政治的水平。与在国际范围一样，列宁与斯大林之间的差异是清晰可见的。当列宁支持"凯末尔"或"基马尔"反对得胜的帝国主义政权以及为土耳其解放的民族斗争时，这种支持背后的原则对每一个人都是明显的：对于帝国主义重新瓜分世界的反抗，工人和农民的国家在反对帝国主义的名义下，不问社会制度而站在革命者的一边。这种支持是以社会主义的原则、以马克思和列宁在哲学上关于历史中民族解放斗争的地位的正确理论为根据的。由于对历史上所有重大问题的纯策略的探讨，斯大林便不能对他的政策给予这种无可争辩的精神和道德容貌。这甚至确实是反对希特勒的。比方说，斯大林的继承者们成为反对以色列的阿拉伯国家之保护者，这种决定就是按主人意识形态操纵的式样而模制的。在这种意识形态原则的空间内，他们被迫运用社会主义的策略口号，来论证他们决定之正确

性。因为他们把握了斯大林的方法论，他们的活动就呈现为从意识形态上装饰重大权力政策的外貌，尽管它终究有一种革命的和反帝国主义的根据。革命原则和国家权力政治之间是有差别的。我们将回到对这类意识形态的误解的国际性后果的问题上来，并且力图说明这种意识形态的曲解从斯大林时期起对社会主义的世界政策的影响。

注 释

[1] 1925 年，远在布哈林与斯大林破裂之前，我主张反对这个观点 [Compare Georg Lukács, *Bucharin*：*Theorie des historischen Materialismus*（Bukharini：The Theory of Historical Materialism），in Archiv für die Geschichte des Sozialismus und der Arbeiterbewegung, Elfter Jahrgang, Leipzig, 1925, S. 216－224]。

[2] 参见《马克思致恩格斯》，见《马克思恩格斯全集》，中文 1 版，第 29 卷，183 页，北京，人民出版社，1972。

[3]《斯大林选集》，下卷，553 页，北京，人民出版社，1979。

[4] 同上书，555 页。

[5]《资本论》，见《马克思恩格斯全集》，中文 1 版，第 23 卷，96 页，北京，人民出版社，1972。

[6]《苏联社会主义经济问题》，见《斯大林选集》，下卷，551～552 页，北京，人民出版社，1979。

[7]《政治经济学批判》，见《马克思恩格斯全集》，中文 1 版，第 46 卷下，218～219 页，北京，人民出版社，1980。

[8]《怎么办?》，见《列宁选集》，2 版，第 1 卷，246 页，北京，人民出版社，1972。

[9]《论列宁主义的几个问题》，见《斯大林选集》，上卷，397 页，北京，人民出版社，1979。

[10]《马克思主义和语言学问题》，见《斯大林选集》，下卷，504 页，北京，人民出版社，1979。

第七章 苏共二十大及其后果

本书行文至此我们试图扼要澄清的，只是从剥夺生产资料私有制而产生的一部分后果。这种剥夺成了生产的最终基础，但我们并未涉及某个具体时期实现这种没收的方式。当然，要想对这一系列问题进行集中而广泛的科学讨论，则是不可能的。我们只能简要地指出苏联经济发展的一些本质的特征。在很大程度上，斯大林的统治有两个重要阶段——按照德国经济学家雅诺西的卓越分析——20世纪30年代的经济重新恢复时期和第二次世界大战之后的时期。这意味着经济发展的辩证法中存在着一种固有的趋向，不仅要重新达到只是优于因经济危机而遭遇挫折时期的生产水平，而且要达到没有危机干扰而正常达到过的生产水平。所以，在这样一种辩证的经济飞跃条件下发生的积累将决定性地超过经济发展的正常速度。（在德意志联邦共和国，有人把这种经济发展上的进步称作"经济的奇迹"。）按照同样的思路，集中指令和计划经济的制度，在这种经济重建时期体现对资本主义竞争制度的巨大优越性，正是因为前者不存在个人投资的利润的积累。计划经济能够在最适宜于社会利益方面发展这些投资。[1]

斯大林主义未能理解马克思关于经济发展的实际前提和驱动力的现实观念。斯大林的操纵方式妨碍他把握这些马克思主义的概念，甚至遮蔽他对自身实践后果的注意。为了证明斯大林专制主义经济政策的正当性，党的机构创立了一种为其提供正当性的意识形态，即社会主义的计划经济必定以比资本主义社会更快的速度向前发展。当苏联由于客观的经济原因而放慢了发展的步伐时，这使斯大林主义统治下的苏联人陷入了困惑。它不能说明经济的客观现实的表现与官方的苏维埃意识形态的理想化之间的矛盾。斯大林使社会主义更为快速增长的托管理论也服务于政治的需要，它被用来论证压制的手段，因为那些被指责妨碍了经济发展的人被视为党的敌人。然而，这就必须断定，这种对共产主义革命的非经典式开端所造成差距的克服，也就是20世纪20年代通常所说的"原始积累"，已趋于完成。尽管存在斯大林的意识形态和方法论的歪曲，但苏联经济在第二次世界大战前达到了其工业发展的最高水平，甚至超过了战胜希特勒之后重建过程中的水平。因此，为什么我们把描述过的过程，在这里冠以"原始积累"这一名称便不证自明了。这是一个马克思在他的时代作过描述的过程，他揭示了它的决定性的规律。如果我们涉及马克思的范畴，我们之所以这样做，就是为了指明从封建主义向资本主义转变和从封建主义向社会主义转变的基本差别。在资本主义发展的历史中，为了实现农业与工业之间人口再分配的目的，有一个完整的历史时期是被野蛮和暴力手段所支配的。正是由于这种强制性调整过程的完成，资本主义才成为占统治地位的社会制度。马克思说，"要使资本主义生产方式的'永恒的自然规律'充分表现出来"[2]。只有在这种经受苦难的经济剧变之后，正常的资本主义生产和再生产过程才能建立起来。于是，工人们可顺应事物的习惯性进程，任由"'生产的自然规律'去支配"[3]。

　　无须详细的分析，我们就可以看到，所谓社会主义的"原始积累"是在本质上不同于上述资本主义成长模式的某种事物。这里摆在我们面前的是资本主义按其经典传统形式的正常发展。我们接受的是真正马克思的关于英国发展的历史和必然性的分析。苏维埃历史转变的进程，没有选择在一个先进资本主义国家进行社会主义建设，也是很清楚的。俄国的发展模式，关注的是俄国的不发达状况，是把经济提高到先进资本主义的生产能力的水平，使经济水平能够适合于作为社会主义制度的基础而发挥作用。因此，即使那种在历史上起着不可否认的重要作用的力量，在这种背景中也有本质上不同的功能：虽然它甚至是用强制手段摧毁原来的生产关系（集体农庄的建立）的一种工具，但其中心目的，仍然是向先进发展征程的推动，是达到生产的客观经济高水平数量与质量的条件，为真正建立社会主义经济提供客观的可能性。在我们这里——与资本主义的起源相对照——经济推动的力量运用是优先的。但是，与资本主义的过程相对照——在经济基础完成之后，必须自觉嵌入社会主义的特殊的质，因而这种社会结构呈现一种社会主义的性质。这些社会主义的特殊的质不再是纯经济性的。资本主义是由自我调整的生产过程所组成，而社会主义则意味着新的自觉方向、涉及面更广的社会任务和多种可能性。

为了透视转型时期的特殊的社会主义特性，我们强调了某些进展的环节，其中就资本主义与社会主义的对照作了生动的表述。我们来补充另一个重要因素。即使在生产技术先进的资本主义社会，我们也一般把文化只是称作经济发展的一种副产品，因而其必定与经济基础处于长久的不对称的关系之中。在某种情况下，这种不对称就表现为公共教育不够，即使技术教育也落后于生产的客观需要。近些年来，在许多主要的资本主义国家里，就经常讨论这个问题。在另外的情况下，不对称的现象实际上很明显，即某种文化现象已经成为资本主义的投机和投资的领域。由于财政上为大资本所控制，这些文化现象被操纵，使得文化成为商品交换的单纯对象的倾向达到高峰。巴尔扎克和《共产党宣言》已经诊断过这个过程。这种发展在当今时期达到了高峰。与这种资本主义的发展相反，社会主义的"原始积累"，即使在斯大林主义的形式下，大都坚持了社会主义的（不只是由经济来决定）文化组织的原则。指出这一重要现象就足以证明上述论点，即在经济和文化上处于低阶层者，越来越多地出现高质量的科学、文化艺术著作和产品，对于社会的影响和效益日趋增长。然而，在社会主义的教育中也存在许多问题，例如它的极端专业化。但是，它的成功大于它的过失，并且清楚地表明，不论是资本主义的还是社会主义的"原始积累"的形式，在任何本质的方面，都有很大差别从而很难相提并论。

唯一可比的因素，也许是从一种社会历史的眼光看，资本主义和社会主义的发展证明了二者的这些社会结构之革命起源。资本主义脱胎于封建主义，社会主义脱胎于资本主义，都是从过去产生的革命性飞跃，是社会发展的正常进化道路的非正常形式。它们共同共享这一现象。但是，它们一旦从封建主义和资本主义产生之后，资本主义和社会主义进一步成长的进程就分道扬镳了。正如我们在马克思理论的支撑下所表明

的，向资本主义社会结构的转变，导致资本主义经济的完全决定论的领导权，按马克思的话来说，就是必然王国的统治。资本主义的社会结构是缺乏自觉的合目的性的方向的，完全受必然经济规律之支配。循着某种固有的传统自治论，纯经济规律在资本主义社会占据优势，并且决定着它未来的条件，甚至在它自身内部产生下一个历史的社会结构。（就连占优势的由社会接受的个性类型，也是经济的内在辩证法的产物。）按照人类目的论的设想，社会主义不同于以前所有的社会结构，资本主义受经济决定论的束缚，而这一决定论对社会主义向更高的共产主义阶段的转变则不再有效。前面我们提到斯大林和赫鲁晓夫的错觉，他们相信每一种社会结构都受同样的发展动力学的约束。我们也曾间接提到（但在方法论和理论上有决定意义）马克思对这一系列问题的复杂性的少量评述。

现在我们必须透视这些交错着的问题的内部核心。马克思承认经济（必然王国）是共产主义（自由王国）必不可少的基础。他反对任何形式的乌托邦主义，同时指出，自由王国是必然王国的另一个世界。人类力量的发展，作为自身的目标是有价值的，但不能看作经济进化的一种机械论的固有的产物。马克思即使在估计到社会结构的经济决定论时，也从未忘记要重视人类有目的之实践。在马克思看来，不能只是在经济发展的固有辩证法的基础上看待社会的进化。在自由王国阶段，我们相信人类将在"最无愧于和最适合于他们的人类本性的条件下"[4]下从事劳动。

在正确理解人类劳动过程的社会规定的基础上，马克思透视了这种历史的一个中心问题。但是，为了正确地探讨这个问题，人们不能被表面的类似情形误导。随着人类劳动过程的成就发展到越来越高的水平，也就产生了一种对它自身成就的人类自豪的相应增长。即使在阶级社会，经验也成长于它们的自我估价中。这种对人类存在的成就的增长着的自豪感，不允许社会忽视从奴隶制的"会说话的工具"到雇佣劳动者这一劳动的发展史，雇佣劳动者必须以各种形式维持它自身在自由市场结构内的劳动力价格。人类劳动活动胜利，吸引了对人类劳动历史的注意。当代资本主义采取措施改善人们的工作方式，包括缩减社会必要劳动时间、供应良好的工作条件，以及对工厂制度的工业心理学的实际运用。但这些都是虚伪的相似情形。这些措施无一例外的是要增加工作的利益，目的在于尽可能实现生产力的进步，有着纯经济的动因，而不是作为一种自在的目的来提高人的能力。因此，经济的利益总是首要的目的，而劳动者则必须按资本主义的要求而牺牲自己。在经济发展的水平较低时，这种劳动者的牺牲，是通过粗暴的力量实现的，单纯的能力今天不再用来进行劳动者调节，这曾造成对特定资本主义措施的错误评价。手段已经变了，但最终结果却依然未变。在当代资本主义社会，经济发展仍然是首要的，劳动者仍像以前那样，必须面对生产的客观条件而牺牲自己。马克思关注的则完全不同：不是让经济控制人类，而是生产过程向着有价值的方面调节，并且尊重人性的本质。人类的需要必须支配客观的东西。这样一种目的和它在实践中的实现，要求把人性的需要置于经济规律之上；这并不改变如下事实，即为了完成这一点，高度发展的经济仍然是一种前提（一种基础，如马克思所说）。

在《哥达纲领批判》中，马克思面对这同一个问题，从略有不同的视角作过论述。当马克思在这里论及共产主义社会的性质时（"各尽所能，按需分配"），他把共产主义所要实现的革命转变描述为如下事实，即"劳动已经不仅仅是谋生的手段，而且本身成了生活的第一需要"[5]。这是对纯经济视野的一种超越。再者，一切资本主义的相似性必须加以否定，由于生产的较高水平而形成它的表面的"减缓性"和"可接受性"，但这并不影响其本质的方面。它们仍然让经济控制人类，而马克思则要转换这一过程，允许人性去指令经济。

这并不是一个乌托邦思想的例子。傅立叶以类似的形式表述了他关于社会主义条件下人类条件的思想，即劳动本身会转变为一种游戏。这种关于未来的梦想无疑给予马克思特定的印象。但正是他对经济规律的科学研究，使他了解到自己与傅立叶的见解有所区别，现在他把后者称作极其天真地理解的方式。马克思从各种可能的视角来研究这个问题，把他自己的思想扩大到人类劳动的性质上。另外，他把劳动在原则上定义为人类的最高成就，而不把它局限为单纯的经济活动："真正自由的劳动，例如作曲，同时也是非常严肃，极其紧张的事情。"他把定义扩大到与整个劳动领域的关系上，用如下的言辞与亚当·斯密进行了坦率的争辩："把劳动单纯看作**牺牲**，而且，因此把它看作决定价值的东西，看作是对物所支付的**价格**，而且按照各物所花费的劳动的多少来决定它们的价格，这纯粹是**消极的**规定。"[6]在同一本著作的另一个地方，这个定义以下列形式得到了更充分的说明："个性得到自由发展，因此，并不是为了获得剩余劳动而缩减必要劳动时间，而是直接把社会必要劳动缩减到最低限度，那时，与此相适应，由于给所有的人腾出了时间和创造了手段，个人会在艺术，科学等等方面得到发展。"[7] 由于这个原因，当"剩余的"这一术语运用于劳动时，它只表示与纯经济领域相关的意义。我们说经济上可以有剩余劳动，而说到社会的物质的自我再生产和它的构成个体时，就不能有剩余劳动。至于人的能力的提高和社会生产率的改进，从来不会产生什么足够的劳动。劳动在经济上的剩余，绝不形成社会意义上的剩余，而相反地，体现了它的一般的社会功用和必不可少性。此外，青年时期的马克思把劳动的分工看作一种必须通过共产主义加以推翻的社会状况，而共产主义的结果是将劳动的人类从这种"奴隶般的压迫"下解放出来。但晚年时期的马克思，即对经济进行科学研究的马克思，却完全改变了自己的看法，把劳动的分工看作劳动的一种有生命力的前提，生活的首要条件。成熟的马克思逐渐把劳动的分工看作最终提高人的能力，因为它提高人类生产率而缩减必要劳动时间，增加自由劳动时间。但是，工作的奴役绝不单纯是现代化经济所能推翻的一种原始条件的幸存。恰恰相反：这种奴役的继续恰好是技术先进的资本主义社会的产物，资本主义将会为了它自身的目的以各种形式使劳动屈服。劳动的屈服也将逐渐地扩展到艺术和科学的领域。现今对资本主义的异化之批判，很大部分涉及这类屈服，使自身与这类奴役相关并不是偶然的，尽管它并没有看到这种压制的形式与以私有制为基础的经济之间的真正联系。

在马克思主义这些有启发的评论中，人们会察觉两个互相关联而同时互相矛盾的倾向，这对我们讨论的问题极为重要。马克思不使自己满足于单纯的经济。相反，他想指出，共产主义（甚至作为一种经济结构的社会主义）的社会前提，只有在劳动解放的社会结构建立在技术上先进的高产社会中才能实现。为了达到劳动的解放、人的实践的解放，重建某种使经济占优势地位的条件是必要的。这种改革的贯彻，将采用的手段不会危害这种生产总体职能，相反的正是把它向前推进。我们已经看到，马克思特别强调两个环节：使得人类存在的最有价值和尊严的方面，作为衡量经济过程的标准；与此紧密联系的是，超越劳动分工的奴役性特征。毋庸赘言，在两个环节中要靠一个简单的法令来导致这类变化是不可能的。这类重大的变化必定是漫长社会过程的结果，其中引进逐渐的变更。经济基础为这种倾向的主观的和客观的两个方面的发展提供了物质的可能性。

这种过程同时也使得人自身的性质得以转变。这些过程必定在客观上是显著的，并且把握住人类能动的社会存在。人类的整个历史表明，为体现人的真正的人类存在的生活方式而作的理想主义的奋斗，总是能产生效果的。为完善人类存在的梦想的创立，通过人的实践指向其目的，是社会进步的一个强有力工具。显然的例外情形是个别情况下出现死亡的结局和失败。在阶级社会里，客观的经济规律仍然支配着人的目的，因而阻碍向上的发展。如果日常的（首先是劳动的、经济实践的）生活以一种客观的形态适用于社会存在，那么人类共同目的就能得到改善。这种改善人的条件的倾向，没有因各种类型的压制而被否认或削减，像在所有原先存在的社会结构中现在或过去的情况那样。当人通过他自身的社会活动创造条件，使他第一次成为一种真正的人类创造者，这个时期将被称为——甚至是社会主义的社会结构——作为马克思所描述的人类史前史结束的重大决定性时刻的前兆。

像马克思那样，我们这里把劳动说成人类存在的中心问题。但是，很明显，原先讨论的问题，都与人类实践、与一般人类生活的总体相关。人们认为——为了取得与经济领域密切联系的地位——关于按需分配的原则，是在一个共产主义社会完善起来的。然而，只要对需求的满足（在以前唯独属于统治阶级，而在现代世界扩展到生产阶级的广大阶层）变成了有威力的对消费者利益的保护，那么共产主义的原则便不可能实现。在当今世界，人们并不首先为了满足生活的基本需要而消费，而是作为在竞争的战斗中达到胜利的一种手段，为了获得社会威望，为了在社会的阶梯上往上爬。正是在消费者部分为社会地位的这种斗争中，消费者工业和服务部门的巨大增长才有了其经济正当性的辩护。由于商业社会的基本原则没有任何变化，资本主义将在日益萧条中落入陷阱。要使商业社会的活力转向一种有组织的实践，以令人的生活质量得以提高，这也是不可能的，除非经济被看作人的有目的的设计目标。个性的力量受到限制，因为劳动分工的奴役性特征的移动，不能单由单独行动的个体来推翻。

截至目前，我们连续地论及人的日常生活的观念，但仅仅是以粗略

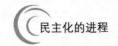

的形式展开。截至目前，这里的讨论是不完全的，因为我们不能详细涉及与这个争端相联系的问题的整个范围。然而，这个概念的引进却能使我们对社会主义民主的意义作出更为透彻的分析。在前文中，我们作过如下的陈述：与资产阶级民主的公民——理想主义，即一种开始于资产阶级革命制高点上的理想，相比较而言，社会主义的主体是日常存在中的人的物质生活。资产阶级社会把个人二元地划分为人与公民，而社会主义强调日常生活，则不是要把它当作物质的人的经典化，即二元论的一部分。社会主义民主把在自由王国中超越这种二元论看作它的任务。

这个原则不是一种纯思辨的结构，而这是由——我们已经提到过的——引入和完成社会主义革命的群众运动表明了的。当然，我们是指1871年、1905年和1917年的苏维埃的制度的几次尝试。我们已经概略地叙述过这种运动在建立社会秩序上如何有效，并且如何适合于生产劳动者的基本阶级利益，从工厂和住房的日常现实生活问题到整个社会的重大政治问题。在国内战争胜利结束之后，这些目标由一种官僚政治机构代替，斯大林实际上破坏了整个苏维埃制度，并在最终形式上确定了这种官僚主义的控制。（在教科书和官方宣传出版物中表述的对这种转变的论证和辩护，对于关注现实社会性质的我们来说，完全不具有任何吸引力。）劳动群众失去了他们在社会发展中主体力量的地位。他们又成为一种不断加强而十分广泛的官僚政治制度的对象，这种制度控制了他们实际生活中的所有问题。

实际上，俄国的斯大林化阻塞了社会主义作为自由王国发展的一切可能性。我们已经看到，列宁从来没有动摇过他的观点，即在20世纪20年代俄国的巨大斗争中，社会主义民主的较高理想总是一种启发式的指南。即使当年轻而力量薄弱的苏维埃政权在国内战争时期为自我生存而斗争时，列宁主张的社会主义生活较高形式的原则，应当永不允许从实际的、日常的《怎么办？》的纲领中消失。他确信马克思和恩格斯没有为社会主义的发展定下一个刻板的蓝图，但社会主义的发现、社会主义的正确实施，则是现时的一个新的任务。可是，他推测在指向未来的活动和日常的现实要求之间，必定有一种有机的联系。他懂得，未来只能通过人的实践来实现。这种有目的的活动和直接的需要之间的联系，是他的思想和行为的一个主要特征，向着更高目标的运动不会从他的活动中消失。这种行动的方法论，表现在他对革命战友们的不断的告诚中，他要求他们把全部精力集中于链条中下一个环节。然而，历史现实对他自己的思想有着历史的拘束。他自己的思想过程是受他生活的历史环境制约的。我们在前文讨论过的列宁的习惯化的定义，并不与包含在目的论与直接性相互关系中问题的复杂性相关。他关于习惯化的讨论涉及"国家消亡"的前提的必然性。它还与对从资本主义向社会主义革命转变特别是在它的高级阶段上有决定作用的客观与主观力量之间的联系相关。所以他的苏维埃民主的概念，以及在有关工会争论中与托洛茨基的论战，并没有超越他所生活的历史拘束以及最重要的是布尔什维克党内占优势的态度。

列宁在他的行动的方法论上对今天的我们是有意义的。在涉及从资本主义向社会主义转变的问题的复杂性有关方面，他是第一个把纯马克思主义框架予以概念化的理论家，为日常实践提供了一个纯马克思主义的理论基础。人们从马克思那里找到了社会分析的普遍理论基础，也只是找到这个方面。列宁的行为，在今天不能用作一种不容置疑的模式（或者未受挑战的典型），因为他所处的环境与今天的问题有着质的差别。一方面，列宁的论述必须在1917年伟大变动的背景中去解释，那时毫无疑问苏维埃运动成为中心。另一方面，又必须从新经济政策引进时期的关键性转变的背景中去观察，当时他承担的任务，就是要从造成威胁的官僚主义化的过程中去挽救最重要的革命的民主社会主义的成就。他想尽可能地把苏维埃运动幸存下来的东西传播到正在到来的历史时期。

我们发现今天我们自己所处的形势，与上述时期完全不同。在斯大林长达数十年的统治之后，产生专制社会主义的因素实际上已经完全废弃了。创立斯大林主义的历史因素既是客观的又是主观的。今天，一系列完全不同的客观和主观因素，产生了丰富的知识和对斯大林时期的批判。从我们所论社会主义民主问题的观点来看，最重要的是，在斯大林时期，群众的自我能动性实际上完全被抑制。这不但发生在重大政治问题上，而且发生在对他们自身日常生活的控制上。我们强调"实际地"一词，因为即使在斯大林时期，在形式的层次上，许多问题是按照形式民主的程序处理的，比如无记名投票和普遍的选举权。然而，斯大林的官僚政治的操纵和统治是如此广泛而强有力，一般地说，这种投票也给群众的实际愿望、反感和意见一点点出路。由于这样的事实，1917年

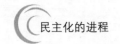

的实际境遇必定被看作在很久以前就早已消失了。

斯大林所导致的政治和社会的变形，逐渐被看作社会主义的正常状况。无产阶级专政时期阶级斗争继续尖锐化的思想，被斯大林用来作为他的极权主义的历史论证。在斯大林时期，这个思想经常——虽然从来不是从根本上——受到批评，但它仍然造成了他粗暴专政实践的一种号称理论上的合法性。他造成了一种精神内战兴起的气氛。妄想狂似的搜寻内部敌人，成了行为的标准方法。每一个人都是潜在的叛徒，即使在真正的内战就要结束的时候，也是这样。人们必定还记得，在苏共二十大上最初批评斯大林是从这样的观点出发的，即 20 世纪 30 年代的大清洗在政治上是不必要的，因为对立面已经被击溃了，政治上已经表现为无权。对立面不是一种现实的危险，内战也并不存在。然而，这种对斯大林体制基本正确的批评，并没有产生直接的政治后果，事情并没有中断，即使在赫鲁晓夫之后苏联政府的内部政策中，又复活起内战的教义。苏共二十大之后的苏联政府，把这类批评当作公开或者隐蔽的颠覆性的声明来对待，认为应当予以压制，因为它们与官方认可的观点不相一致。从苏共二十大开始，对斯大林体制的这种有希望达到客观性的批评，受到后继的克里姆林宫统治者们的压制。尽管苏共二十大在对斯大林的抨击上受到遏制，继任的苏联行政当局仍然退回到斯大林主义。

苏共二十大的积极成就就在于，它发动了对斯大林体制的批评。苏共二十大的弱点也出于这样的事实，即它的批评仅仅是部分的。它的抨击集中在表面问题上，并没有切入斯大林体制的核心。对个人崇拜的谴责表明这类批评的不充分性，同时显示出苏共二十大的成果为什么这样有限。对个人崇拜的驳斥并不是自身不正确，而只是不全面。这等于说这样的命题是真实的，即斯大林的统治方法是出于他对法律原则的破坏。这在事实上并没有什么错误，但在理论和实践两个方面都忽视了决定性问题的本质。以教条主义的预想为基础的对群众的粗暴的操纵，不仅仅是诡谲的、极端利己主义和专制的个性的产物。历史已经给过并还在给予新的证明，极权主义的统治也是要通过集体的持久镇压实践来行使的。此外，法律原则的破坏本身并不导致极权主义。每一个现代国家都有熟练的司法上的技巧，准备用来实施合法的操作。为了保证社会的和政治的一致，这是必要的。正由于个人崇拜在俄国是公开的，对合法性玩世不恭的侵犯，于个人行为贴上与政治教条相符合的标签，这在社会上是正常的，而个人行为与政治教条相违背，则在社会上是反常的。因此每个国家具有合法操纵的手段，就能够把它的政治标准施加于全部人口。斯大林主义的产生不可以归结为个人极权主义或者对法治的破坏。

斯大林体制的核心依据于其他原因。斯大林体制根源于经济问题，它有着深刻的社会后果。同样的经济问题也困扰着那些在列宁去世后卷入权力斗争的人。核心问题涉及所谓"原始积累"。在前文中，我们试图表明，生产资料社会化的积极的方向，为何可能为一个有效力的社会主义国家创造条件。在"原始积累"的态势下，在快速工业化的态势下，粗暴专政的斯大林体制有许多成功的地方。（斯大林无法看到，这些成功是以特殊的社会经济条件为基础的。）的确，斯大林时期经济成功的增长是在两个"重建"时期。然而，当生产达到一个特殊的水平时，社会主义国家面临的问题就会发生变化。新的问题不再涉及"原始积累"，而是有关所生产的产品的质量和提供给人民的服务的优质性。在经济的水平上，斯大林主义适应于快速工业化的时期，但当苏联经济前进到一个较高的水平时，它便失去了其历史的有效性。

斯大林体制不能适应它所创立的新的社会经济秩序。斯大林主义企图用过时了的政治方法来统治这种第二次世界大战后的新的社会经济秩序。苏联国家的政治与社会之间出现了断裂，斯大林主义企图用 20 世纪 20 年代的政治结构来统治一种第二次世界大战后的社会。这可以从技术专家的情况中看到。在"原始积累"时期，新的苏维埃国家从革命前的资本主义和沙皇时代继承了技术专家的社会阶层。这些人中的大多数，或者与社会主义相异化，或者直接与之相敌对。今天的情况完全不同了。这些沙皇时代作为社会主义的敌人的技术专家或者死去了，或者在长期建设社会主义基础的几十年里退休了。所以，这个敌对的阶层已经消失了。但是，更重要的是，我们已经在另一种背景下提到这个问题。社会主义的教育制度产生出一个忠实于苏维埃制度的科技知识分子阶层。这个人数众多的科技知识界，就其坚持某种特殊世界观的意义上说，不是共产主义者，但他们既不是敌人，也不是苏维埃制度内纯粹自由的旁观者。他们是由社会主义的教育制度产生的，是苏维埃的人，在生产过程中思考他们的工作是他们的自然使命，因此，就有正当的理由要求把他们当作苏维埃制度的真正而且可尊敬的贡献者来认识和对待。但是这些年轻一代在客观的社会基础上反抗斯大林体制。在这个时候，通过斯大林主义的政治委员来控制科技专家的方法已经到位。但是，这个新的必不可少的专家阶层在经济和政治上的行为，是推动苏联前进的力量，同时他们也要求改变斯大林体制下所实行的那些行政的方法。

这个新的管理方法的问题，最终是与生产的控制与目的本身相联系的。从经济和政治上看，让生产的发展几乎唯独集中在重工业的建设上，而对消费的需要漠不关心，早已变得日益不可能了。要求对群众采取一种消费上的苦行政策，充其量只是在革命理想主义时期能够说得过去或得到辩护。问题在于，在 20 世纪 30 年代为了建设一种相对先进的技术工业机构而成功地发挥过作用的官僚政治集中的集中控制计划的那些方法，现在必须宣布为完全无效了。集中的官僚主义的计划机构越是僵化，就越是难以在量和质两方面适应普通消费的需要。这种不足已经表现在致力于制作消费品的生产资料的行业之中。在这一点上，我们所考虑的不是曾经正确发挥作用的战时经济模式的适用性，因为战时生产的硬性控制，要作为市民日常生活的一种标准是不可能的。

我们相信，共产主义世界中社会经济的压力原本会带来一个重建的时期。与此同时，试图重新把社会主义民主唤入生活的反思的再生时期也到来了。我们在本书的开头谈到，在共产主义世界内，有两个错误的选择：试图通过保持斯大林主义方法的本质来部分地改善这种危机，或者引进在西方占支配地位的那些方法。这种争论的缘由是容易理解的。一方面，集中计划的官僚主义不愿放弃其绝对领导地位，只要做点仔细的调查就可表明，它们用来成功地满足人的真正现实需要的尺度、任务和控制的手段是如何微不足道。老一辈的维护者建议现在的机构提供控制论的机器，以便实现更精确的计算，似乎基本毁坏的机器真的能通过这种手段而加以改进。另一方面，改革者们则建议采取西方工业组织的模式。改革者们出于错误的设想，即认为在资本主义条件（有优势也有缺陷）下实行的市场竞争只能在社会主义社会实现它的梦想，由于相互竞争的资本家不复存在了，因而社会就能够完善地适应市场的力量。但这是以不离开计划操纵和次要方面的妥协以及让仍然强有力的集中计划机构不受损坏和保持完整为基础的。

我们的目的不是详尽无遗地讨论这些经济问题，而是看到经济与政治之间的相互联系。经济改革提上社会主义社会的议事日程这一事实，意味着社会主义民主的问题也变得迫切了。我们一再表明，苏维埃制度是社会主义社会历史上特殊的、唯一的民主形式。但是，我们认识到，如果我们不以一种抽象的形态，而是以一种相关的社会历史的形态涉及民主化的问题，那么我们就面临一种全新的形势。列宁在引入新经济政策的时期，在理论上与这种问题的复杂性进行斗争时，就面临过这种形势。基本的问题是：苏维埃如果存在于今天的社会主义社会，仍然与民主化的问题相关吗？苏维埃运动、广大群众的压力，是人们日常事务与高级政治的重大问题直接联系的社会动力。这种群众创始的运动，像是被引向一个完成的点。我们已经指出过，当某些社会制度失去它们的有效性时，群众就会对它们兴趣索然。当一个社会的政治结构不再合法，不与民主的利益相符合，群众就会变得冷淡。现如今，人民参与会议、讨论和投票，是由于这与他们的自身利益直接相适合，而不是作为与官方机构相对立的成员出现。然而，他们占优势的方面仍然是被动的，或者他们的参与只是使自己按照惯例去赞同官方的建议。参与者深信他们参加这种讨论，对他们自身的问题实际上没有什么意义，或者还会给自己招致伤害。按平均数字来看，都是些一般熟悉的事实，尽管官方的报告将其描述成一种完全不同的图像，并使之成为公开记录的一部分。政治参与遂变成一种单纯的机械论。

从另一角度来看，有活力的、自由的公众意见仍然存在，只是以地下的隐蔽的形式存在。这种暗中的"公众意见"不在公开的、正式的场合表达。在东欧社会内部，涉及社会生活的各个方面的公众意见首先是一种私人交谈的事情，是两个人之间直接的自发讨论的事情。这样一个秘密世界的实际影响是极其多样的。但是，如果低估它，或者把它看作完全不发生作用，那就是错误的。我只是顺便提及，按照我个人几十年来的经验，文化领域的成就是由这种隐蔽的公众舆论来支配的。一部作品是具有艺术价值，还是肤浅之作？一部小说是不是被成功地改编为电影？更多的不是由发表的评论（主要由官方作家作出），而是由这个秘密的世界来决定的。

要估价这个秘密世界在经济领域中的影响则要困难得多。人们不应当忘记，各种规章制度，来自上面对整个社会过程的操纵，与现实过多地相分离，以至于很难实现它钳制所有自由的思想和行动的本来目的。官僚主义的统治，在资本主义条件下，比在斯大林主义的社会主义条件下还要少一些。比如，在资本主义条件下，仍然存在无定向的铁路罢工，当工人们自发地停止对雇主的服从，结果便使得所有的通商交往在实际上陷入停顿。资本主义条件下工人的抗议，唤来资本与劳动之间的妥协。这些工业上的调整、资本与劳动之间的妥协，通常是通过管理者与无产者之间的私下谈判发生的。就大部分来说，这些劳动与资本双方获得的调停，涉及工厂中的劳动条件和交通工具的问题。当下的社会主义社会，有着比资本主义更多的社会异化。因为斯大林主义的社会主义是比资本主义更加抽象、机械和官僚主义的，社会主义条件下的罢工的现象，就像在私有财产制的世界中一样普遍。工人的骚动仍然存在于所谓劳动者的天国的世界里。

这种缄默的、隐蔽的公众意见，是现存社会主义民主化兴起的契机。它是一种社会力量，把它动员成一种系统的公共实践，在我看来，是走向社会主义民主的第一步。通过旧的方法来实现社会主义的民主化是不可能的。它不能通过某种自发的革命剧变来达到。它也不能由试图复兴苏维埃运动来达到，因为这种运动是在革命时期以社会生活各个领域的直接民主的扩展为特征的。当前不存在这样一种回到过去的客观的或主观的条件。任何梦想苏维埃运动再生的人，只是使自己生活在空虚的幻想之中。这种幻想是出于对过去的英雄主义的个人热诚的深切信奉，但是，期待一种在广度和强度上等同于1871年或1905年的运动再次发生，是没有什么希望的。斯大林时期以独裁的措施切断了这种苏维埃运动的连续性，与此同时，运动自身已经内在地受反动倾向的支配。正如要在理论的水平上有一种直接的、总体的、方法论和实质上正确的马克思主义的复兴是不可能的一样，对这种来自过去的伟大传统的直接更新也是不可能的。苏维埃运动是历史地发生的，它是过去十年社会发展的产物，而这是不能由个人或党的决议重新创造的。认为苏维埃运动可自动再现的观点，仍然局限于危险的强调官僚主义策略至上的封闭集团。官僚主义的策略的确能延长或放慢历史的进程，或者把历史引向错误的道路。但是，官僚主义的策略不能按它们存在的形式，为了根本和持久的改革过程而动员群众。

这种隐蔽运动的觉醒，不能仿效早期苏维埃运动激烈的自发形式。

从经验中得知，这种缄默、隐蔽的倾向，作为批评的一种自觉的力量，成长为与社会相关的模式，是不能模仿早期的制度模式的。但这并不是说不可能有更新的不同种类。的确，我们相信，如果没有对这种被压抑于无名中的隐蔽的大众力量的有效的要求，就不能推翻计划体制的机械、集中和过度官僚主义的实施。对集中计划的批评，已经提到实行分散的必要性。斯大林体制下党的宣传、欺骗和旧方法将不会完成这种非官僚主义化。这种社会主义经济的重新定向，必须由群众在日常基础上对斯大林主义传统的完全突破来实现。群众必须受到再教育，参与新活动，并再次感到他们的效能。因此，单纯使心理社会障碍改变为个人意见的自由表述是不充分的。由于担心它的职能建设机构，斯大林主义时期不仅压制个人的意见，而且有组织地迫害并赶走各种类型的致力于批评和改进制度或消除特殊功能障碍的工人。没有群众的积极参与，没有各种自发的、日常的、暂时的和经常非正式的联系，要消除官僚主义是不可能的。通过这种隐蔽运动的自觉动员，群众必定再次获得他们能够改善自己日常生活的意识。

斯大林体制的长期持续，对群众的创造性造成了灾难性的危害。他们失去了对他们自己的信念，失去了他们自身个人社会实践的可能性。在1917年革命爆发和苏维埃运动自发发展的条件下，群众则习惯地使他们自己参与到公共事务中去，因为在这种环境下这是适合的。在斯大林时期，被动而非主动的行为成为准则，因为这适合于这种独裁的环境。由于它具有双重的意义，因此对列宁思想中的"习惯"概念的意义之强调，就既是真实的又是有教育意义的。它包含两种选择：它能表明根本的变化，不管是有用的或是有害的，或者，按照它固有的质，它能表明社会的调节。在斯大林主义的策略至上的时期，当整个社会仅仅并彻底地被官僚主义操纵时，主动的参与者和不介入的被动的个人，都必须使他们自己习惯于在这种制度内想要采取的生活类型。

现在我们将谈到人类实践类型的社会结构，谈到人类个性模式的社会创造。但是，法国革命和俄国革命的英雄时代过去了，而毋宁说我们拥有一般水平的崇高观念。当代世界是由微不足道的人形成的，我们必须满足于对过去更崇高的类型的微弱的反映。在社会主义世界内，有着主动—唯心主义的类型。东欧的批评家将政治活动家视为城邦贵族（citoyen）模式的一幅当代的讽刺画。政治活动家具有理想主义（马克思

意义上的），但带有色彩上的细微差别，即这种当代的类型，既不是像雅各宾运动时期那样，由一种统治的个性把自我牺牲的理想组织在革命运动中，也不是现今由资产阶级民主所代表的形式的、空洞的、表面的个人。社会主义的活动家必须使他们自己投身于对党的决议的坚决执行中，并且相信他们确实在服务于无产阶级革命事业。（为了防止误解，我们想说清楚，这种评论的要点不是一般地直接反对纪律。这关系到人类或实践模式的社会结构的重要问题。决定性的差别、对照涉及批评和超越的问题。有一种不允许批评和改进的纪律，这不过是一种奴隶式的服从。但还有一种涉及结合、参与、从事、自我校正和取消的纪律，这对于任何政治运动都是必不可少的。）

人类实践的形式除了上文已经提到的以外，又出现了一种为了树立其个人的生活标准而利用其社会地位的相反类型。这种实践既采取可接受的、秘密的手段，又甚至采取非法的手段。其心理和道德极其接近于资产阶级社会的人，但它仍然与资产阶级的行为有着质的差别，因为这种操纵活动没有发生人对人的剥削。当然，我们并不是说，一个人通过他自己的工作来提高自己的生活标准，是一种非法的行为方式。我们提及的问题是为一种为了提高自身地位的利己主义的目的而进行的一种法律操作，包括利用合法的漏洞、传统的和发生着的习惯的模式。在这一点上，必须引入一个条件，社会主义生产（特别是它的大量的、集中化和官僚主义形式下的生产）是不能与资产阶级社会相比较的。毫无疑问，因为整个社会主义社会的结构，使得要从其他人生存劳动的剥削中获得任何积累，一开始就是不可能的。社会主义社会创立的工作类型是非剥削的。社会主义社会中劳动人民的绝大多数都包含在这个范畴中。他们完成工作多半缺乏个人的认真。这里有劳动人民改善生活水准的过分欲望和他们政治上冷漠之间的不相一致。他们对经济的进展感兴趣，但却放弃对现存政治进行正确的批评性干预的权利。

我们的这些评论，并不想对社会主义条件下人的行为类型总体和由此产生的问题提供详尽的考察。因此，唯独需要指出的是由斯大林创始的在生产秩序之外必然发展的那些主观社会倾向。我们的主要目的是要区别对斯大林体制的各种形式的社会主义批评与形式各异的资产阶级批评。自采用新经济政策以来，资本主义的反共产主义势力断言，社会主义社会会在一种类似于资本主义的式样中发展，或者说，一种单一的工业社会会在全球范围内发展，其中资本主义与社会主义之间的差别会消失。相反地，在本书里，我们已多次提到，所有社会主义国家的经济现实表明，生产资料的社会化必然创立与阶级社会保持质的差别的客观关系。然而，对当前现存社会主义社会的透视和深刻分析表明，它的确客观地摧毁了人对人之间的剥削关系，并使之成为不可能，但是，在这样一种经济和社会形态中发展出来的政治结构不（尚不）可能催生社会主义民主。社会主义社会没有在政治上创造出社会主义的人，劳动群众缺乏使他们自己转变为社会的主人翁的手段。他们不知道如何将生产资料的社会化变成一个基础，一种他们能够在共产主义的社会形态中作为自由人而出现的基础。诋毁已经存在的社会主义失去了客观的社会主义性质，这正是资产阶级的中伤和煽动的武器。相反，社会主义社会的主观特征的建设与扩展，对于所有忠实地肯定社会主义与资本主义的矛盾且有价值选择的人来说，便保留着当前与未来的重大任务。

站在客观的立场考虑，我们正在涉及的事实是，由斯大林建立的经济和社会秩序能够克服俄国内在包含的经济不发达，并且与奠定自由王国基础的生产力的未可预料的快速增长相结合。这种陈述与社会主义民主的问题无关，也与如下事实无关，即社会主义无损于资本主义经济生活的丰裕性。自由王国对于独特人类的自我创造是一种合适的基础。两相矛盾的是，斯大林体制不仅为人的自我发展建立了基础，而且对人的这种变化过程的实现构建了客观的难以超越的障碍。在对资产阶级民主的分析中我们已经接触到这个反论。马克思试图说明，在建立人权理论的法国革命的基本结构中，他们又如何在人的自由方面设立了限制。他说："但是，自由这项人权并不是建立在人与人结合起来的基础上，而是建立在人与人分离的基础上。这项权利就是这种分离的**权利**，是**狭隘的**、封闭在自身的个人的权利。"资产阶级社会"使每个人不是把别人看做自己自由的**实现**，而是看做自己自由的**限制**"[8]。

马克思予以解释的那些文本精确地描述了社会现实，虽然这些著作的作者们充满着革命英雄主义的幻想。人们要想对这些上下文获得正确的解释，就必须认为他们对资产阶级社会的现实情况提供了真实的刻画。他们伟大的先辈是霍布斯，他把资本主义条件下的人的状况描写为"一切人反对一切人的战争"。马奎斯·德·萨德的著作也反映了资本主义条件下人的状况的性质，当代资产阶级新近发现德·萨德是一位严肃

的思想家。两性行为成为资本主义条件下人的关系的一面镜子。德·萨德不把两性行为描述为两人分担的一种共同的活动、两个相同的人之间的伙伴关系，而是描述为男人只是把女人作为一种欲望的对象、作为一种支配的对象来剥削，这种对象的参与、感受和反应，对于男性来说是完全漠不相关的。试举一个极端的例子来传达其观念：康德关于婚姻的著名定义确切地说明了资本主义所固有的社会现实。康德把德·萨德的玩世不恭的利己主义与资本主义的社会结构的自由商品交换的语言相融合。康德说：婚姻是性别不同的两人一生相互占有性器官的一种协议。

于是像随后发生的那样，这个最后的论述不应当使我们讨论的焦点从性行为作为资本主义现实的一种特征表述转移到自在自为的性。它应当只是指出，马克思关于资本主义现实基本结构的普遍特征的表述，在特殊场合下也是确实的，也必定确切地描述资本主义社会人的实践的各种类型。在《共产党宣言》中，马克思已经表述过这种资本主义的普遍的人的关系。这篇名著中的经典表述认为作为统治阶级的资产阶级，其实践、行为必然由资本主义的经济所导引。"资产阶级抹去了一切向来受人尊崇和令人敬畏的职业的神圣光环。它把医生、律师、教士、诗人和学者变成了它出钱招雇的雇佣劳动者。"[9]置于历史的议事日程上的问题，涉及人性的人化过程。社会主义革命涉及一个较低的社会结构转变为一个较高的社会结构，以及一种新的人类社会在这个较高的社会结构的基础上出现等过程。通过一种新的社会环境的生产，这种新型的人类的存在，这种社会主义的新人，通过社会主义人性的自动实践的手段，将有可能创立人类相互依存与合作的新形式。

必须了解从封建主义向资本主义转变和从资本主义向社会主义转变之间的区别。历史经历过许多种社会的革命性变革，而它们都各有独特的质。从封建主义向资本主义的转变，关系到基本的资本主义经济关系的兴起。人们只要比较一下18世纪和19世纪制造业时期的劳动分工与封建主义行会的分工，每个工人与他自身劳动过程关系中的这种基本变化就立即变得明显了。作为这种转变的结果，工人们的态度——对于这种新情况，他们被迫采取或肯定或否定的态度——将受劳动的社会分工支配。

从资本主义向社会主义的转变有着极不相同的性质。从封建主义向资本主义的转变，关系到从一种剥削阶级社会向另一种剥削阶级社会的转变，虽然这另一种剥削适应于生产力并将其推进到一个较高水平。相反，在资本主义向社会主义的转变中，过程便涉及对特殊的剥削的超越。封建主义向资本主义的转变，产生出所有物质生产方式中的基本的改变。（像我们已经做的那样，指出在行会制度的资本主义生产中劳动分工的差别就足够了。）生产方式中的变化和剥削的消灭是社会的变化，这与技术的变化是十分不同的。与社会的变化相区别，技术的发展并不划分资本主义和社会主义，而有着它们自身的一种独立的固有的倾向。（为资本主义生产而建设的一个工厂，在很大程度上，没有多大改变，也能在社会主义条件下发挥作用，反之也是一样。）但是，从资本主义向社会主义的转变，或生产资料的社会化，则从总体上改变了社会。生产资料的社会化能够更新工作方式，并因而能够更新人的日常生活中的活动方式。当一般生产力被社会支配时，就会带来人与其劳动、与其同伴的关系的基本变化。这些正是从社会主义向共产主义转变的社会前提。列宁在战争时期的论文中清楚地表述过，社会主义的确建立在一种经济基础上，但经济并不形成整个社会主义的背景。[10]有些人怀疑，人会通过社会关系的转变而发生改变。但这并不意味着，我们会同意相反的观点，即人将单纯通过意识形态的转变而发生改变。意识形态作为社会发展的一种理论—实践的环节，以及以斗争方式解决社会冲突的手段，是由物质生产过程创立的，而且也是每一种社会的上层建筑的一个重要的，甚至是必不可少的组成部分。然而，它仍然只是一种反映、一种映象，通过它，人们试图了解生产的客观转变。意识形态必须有一种物质基础，所以它作为社会上一种力量的实际影响是不会被取消的。实际上，意识形态必须在客观的社会存在内部集中而广泛地奠基。

　　社会的变化总是客观力量和主观力量综合作用的结果。历史的转变是由自动的经济和自觉的意识形态力量二者向前推进而形成的。物质的生产必定带来——当然不是没有意识形态回应的中介——人的变化，他们向自觉行动者转变，这种行动者将有目的地计划未来的社会结构。经济的这种固有的、自动的职能不能从自身自发的辩证法造成人向实际存在的转变。经济，作为将要变成的基础，必须受人的设计的指导。客观的事物必须被人的智力建构，这样它才能创造那些社会条件，使得人有能力形成与他的同伴的合作关系。客观事物必定反作用于人，所以人就变得能够让他们自己实现为真正的类存在。

我们关于向资本主义和向社会主义转变的比较研究表明，向社会主义的革命性转变在历史上是没有先例的。由于社会主义是如此独特，没有什么类似的历史事例可用来评判它。因此，如果有人试图预言未来社会主义制度的性质，就必须小心谨慎地运用从以前历史的社会结构引出的教益。在《共产党宣言》中，马克思有充分的理由称资本主义为历史上依赖剥削手段的最后的社会结构。他不仅指经济的剥削，而且指这种嵌入主体间关系的剥夺的所有后果。拉萨尔和斯大林都对社会主义作出了错误的定义，因为他们都把它归之于单纯的经济。在拉萨尔看来，社会主义与"不折不扣的劳动分配"的权利同义。斯大林也回避了本质之点，他也对社会主义作了一个经济主义的定义，把它等同于消灭剩余劳动，却完全忘记了剩余劳动对社会的发展是必不可少的。社会主义的新定义涉及借助剩余劳动手段的人的生活的内在的和外部的转变，它同时是客观经济的和主观人的转变。重复一下较早的陈述：资产阶级像是涉及人的劳动的人格化，他们所要求的也发生于资本主义条件下。然而，在资本主义社会，是人的主观被迫适应于经济的客观现实。在资本主义条件下，所谓劳动的人格化意味着通过工具的创造，人能够去适应现存的或重新引入的劳动方式。劳动条件的改善，是用以提高生产率的手段，而通过生产率的提高，也就增加了剩余劳动的剥削率。劳动的人格化，在社会主义条件下，有着完全不同的意义。在这里，经济的客观现象，必须转向和适应于人的主观。在社会主义条件下，主观统治着客观。在社会主义条件下，人的劳动现象方式必须适合于人类之存在，而人的存在被当成是组织劳动条件的标准和指导原则。

随着经济统治的消失，显然，给生产过程以新的形式本身，就能成为向着创造较高人性的社会主义目的前进的一种物质力量。很明显，仅仅社会主义的计划经济，作为它的目的，就能够有一种较高人性的生产。为了达到社会主义的理想，生产资料的社会化就是产生人的有目的的设计的一种必要的前提。但是，人的有目的的活动，显然不能自在地产生社会主义。主观需要客观。人的实践能够达到伟大的目的，但是，劳动的充分解放和人格化也要求必需的生产经济的客观水平。

人们必定涉及主观与客观之间相互作用的过程。为了在实践的世界中是可实现的，人类存在的完成必定与生产的可能性相一致。但是，劳动的人格化，不能完全从单独的生产领域得到，像列宁努力说明的那样，它必须引自外界，引自一种外在于那些参与直接的生产过程者的来源。它必须由政治与主观范畴联合发起。这正是社会主义民主的特殊职能。社会主义民主的特殊性是由这种特殊的政治—社会任务决定的，把一种外部的理论—人格化的见解带入经济领域。这种任务也决定了社会主义民主与先前所有的民主结构的具体区别，这些民主结构主要基于私人占有、剥削、异化，特别是资本主义模式。社会主义民主的这种政治—社会任务，是由 1917 年的社会主义革命所形成，在一再提到的重大、热烈而自发的苏维埃运动中得到直接的、群众性的表达。社会主义民主如何能成为社会主义社会的一种有机组成部分，我们没有固定的指导路线。当今或过去的教益没有为我们提供概括性的蓝图。在社会主义民主问题作为一种直接的社会可能性而能够提出之前，1871 年和 1905 年的革命被镇压了。在列宁生活的晚年，苏维埃运动遭遇衰落、分裂的命运。我们已经评论过，列宁把苏维埃作为社会主义的政治内容，作为反对日益滋长的官僚主义而作民主斗争的有生力量，然而他的这种努力没有产生效果。

我们知道这些努力已经失败了。如今，社会主义世界内部的严重问题是：怎样才能重建马克思主义？马克思主义借以复兴的社会力量是什么？实际上，试图复兴苏维埃运动是不可能的。苏维埃重建的希望都没有理论基础。此外，也不可能再次得到引起它们自发成长的 1917 年那样的革命条件，而且没有人愿意回到始于 20 世纪 20 年代的它们衰弱的时期。马克思主义当今的任务，在于使斯大林支配下长期僵化之后的马克思主义复活，而不能使其直接地与任何存在的社会运动相联系。这对我们曾说起的缄默而隐蔽的运动来说，也是真实的，因为要它为这种再生提供任何理论基础是不可能的。相反，重建的尝试必须在理论的基础上开始。对当代社会主义的危机必须作出马克思主义的分析，因为只有当我们认识到产生这样一种危机的原因时，才能重新定义社会主义，并且建立马克思主义的自觉复兴的原则。而只有在被重建了的马克思主义理论的基础上，我们才能提出一种与契机的实际条件相符合的策略，一种合适的个人实践。当一个人投身于一种系统的理论工作时，他便开始了一种自觉地影响、指引、扩展和矛盾的过程。人们不能失去包含在重新定义社会主义中的丰富的辩证法的视域，不可失去应当建立在我们对这种较高的社会秩序的认识上的客观与主观因素之间冲突的视域。一方

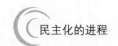

面，存在着与经济直接对立的人的实践，它并不限制经济的发展，相反地它能组织纯粹的经济以更好地满足社会的需要。另一方面，建设社会主义民主的过程，是一种长期持续的事业，而当社会实践与纯经济的必然性相结合时，社会主义民主成长的前提就会被建立。对社会主义民主内容的理论的、学术的洞察逐渐成为连续的、不中断的形态，这说明政治的东西与决定论的客观的东西之间必定相协调。主观与客观的融合是对社会主义经济的一种新的马克思主义分析的未来方向，我们这里的沉思只不过作为一种概述，仅仅为这样一种事业寻求发现最一般的原则。因此，试图进行任何更详尽的分析是不可能的。由于这个原因，整体而言更重要的事情是使理论基础明晰化。列宁在他的关于自发与自觉（马克思主义的自觉，纯阶级的自觉）的著名而正确的区别中写道："……意识**只能从外面**灌输给工人，即只能从经济斗争范围外面……只有从**一切**……方面，才能汲取到这种知识。"[11]列宁所论及的力量的发源、所有社会力量的相互关系，意味着在其历史动力中社会的总体性。列宁在1903年的形势的影响下作出了这些论述，我们相信他是正确的，他不仅使之与他自身历史环境的现实相关，而且涉及某种在原则上更普遍的东西。回到列宁的方法是绝对必要的，这种方法是马克思的方法的切实继续。马克思主义的复兴，只能发生于对马克思的方法和理论的返回，因为我们当代境遇下的正确实践，正是马克思主义关于当代境遇的正确分析的直接结果。

　　如今，是否有可能对过去几十年、最近十几年占统治地位的理论进行简单应用呢？我们已经指出斯大林方法的理论轴线：对理论、方法、策略之间等级关系的转换。斯大林改变了马克思主义的等级顺序，使策略优先，从而使马克思的整个方法发生扭曲。对马克思主义的这种肢解至今并未被克服，如果要消除对马克思主义的这种歪曲，那就需要对被斯大林扭曲的一般方法、所歪曲的每一种特殊情况进行专门研究。由于这个原因，如果我们被限制在特殊的范型上，我们就能以如下的例证说明本质的问题：自列宁发表《帝国主义是资本主义发展的最高阶段》以来，便既没有人对当代资本主义的新特征的特殊性作过科学的调查，也没有人对社会主义发展的特殊规定作过任何调查。我们对当今时代的认识是不够的，因为它是应用过时了的方法的结果，这种方法即使在创立时也是不正确的。在其他的场合，我们对斯大林的经济的思考作过快速的一瞥，这种讨论已经表明，策略上的理论支配会导致人们对马克思方法的曲解，并且还在这个领域产生不良后果。从马克思主义关于社会结构进化的解释中，删掉"亚细亚生产方式"的概念，是进行历史曲解的另一个例子。为了证明斯大林在 20 世纪 20 年代和 30 年代在与中国关系上的策略之决定，这种对历史的歪曲便是必要的。"亚细亚生产方式"概念的删除，使马克思主义有关中国的学术成就倒退十年，因为没有这种说明的范式，就不可能对世界的这个重要区域的真正事实及其必然的相互关系作出真实的马克思主义分析。关于无产阶级专政时期阶级斗争尖锐化的思想，是历史的歪曲的又一个实例。的确，这种实例对于方法论上策略的优先性如何导致对马克思列宁主义方法的曲解，乃是最为显著的证明。把阶级斗争激化的思想提到首位，服务于排斥对斯大林统治下政治状况确切性质各种实情的理论讨论。俄国被看作处于永久的内战状态，而政府的决定是在纯策略的基础上形成的。那些持异议者则被视为国家的公开或隐蔽的敌人。从逻辑上驳斥这类"敌人"尚嫌不够，他们作为"有害的人"还必须在道德上受到谴责，在社会上受到羞辱。坚持斯大林体制，就容易导致阶级斗争激化的命题和与之相应的秘密警察国家。如果强大的官僚体制仍保持其地位，而这种官僚体制又感到自身受威胁时，就会对激化命题的荒谬性麻木不仁，就能够把它作为保持官僚体制权力的一种方式而使之复兴。苏共二十大拒绝了激化的命题，但如果斯大林体制的政府结构保持不变的话，就有可能再次使用这个命题。

　　这些曲解马克思列宁主义方法的事例，我们可以无限制地继续列举。但是，这样一种扩展式的列举不能在这里进行下去。由于这个问题与社会主义民主问题有着如此深刻的联系，而马克思主义的方法又与斯大林主义的策略操纵是这样地相对立，于是在这一点上，我们可以提到列宁的民族自决观念，它是民族主义问题上对马克思思想的直接继承。1917 年，列宁要求各民族人民宣布他们的不受限制的独立权利，因而有力地反驳了造成这种权利例外的各种企图。[12] 即使在帝国主义战争时期，他也把否认这种自决权利的想法称为对社会主义的背叛。任何官僚主义的诡辩都不能取消这个马克思列宁主义命题的根本重要性。在他生命的最后时日里，列宁仍激烈反对对这个命题的毁坏。[13] 没有什么策略性的操纵能够忽视这一事实，即列宁像马克思那样，关注民族自决性，

把它看作无产阶级革命、社会主义建设的一个决定性的、必不可少的组成部分。

社会主义民主的实际发展要奠基于马克思方法之重建。这不是要作一种单纯抽象的、哲学的陈述。恰恰相反，马克思主义的重建关系到共产主义运动的生死存亡问题。历史记载的澄清，既不是立即也不是最终就做到了的，因为在这方面要具体把握面对的一切问题和情况是不可能的，而且当今还有许多未被发现之情况仍然隐藏在未经考察的斯大林主义的过去之中。因为过去仍然掩蔽在黑暗之中，故而要对当今的真实问题有一种正确的把握，或者系统地作出一种合适的直接的实践，是不可能的。要通过一种单一的无所不包的阐明来澄清历史是永不可能的。通过多年的调查工作，通过涉及理论与历史基本争端的实际讨论，只能把数十年的遗漏、混乱和歪曲保留下来。的确，这种历史的澄清将创造它自身的歪曲。作为避免歪曲的一种方式，党的机构和独立的批评家都谈到观察多样性的需要。这是一种蒙蔽。多元论也能成为对思想的新实证主义操作的基础。马克思主义方法的优先性必须保持超出多元论的优先性。当然，马克思主义方法的结论不是任意地或唯意志论地达到的。这种结论是实际调查、分析等的结果，必须通过批评的讨论来检验。由于检验证明的过程是如此长，因而一种真理在被科学地论证之前，有一段很长的时间。然而，如果共产主义运动想要有坚实的基础，它就必须选择自我校正的道路。虽然这是一个痛苦的过程，马克思主义的复兴将来源于这种自我澄清和自我批评，但它是一个必须选择和从事的进程，因为只有通过从过去的错误中解放自身，马克思主义才能作为一种有活力的理论与政治工具恢复它的高度。

马克思主义的复兴要求所有这些问题的解决。社会主义民主的觉醒将给予这种复兴运动精神的动力。但当我们探究社会主义民主的问题时，我们便发现自己处于新的、完全未被说明的领域。列宁在关于引入和实施新经济政策时的系列重要论述，在这里也完全有效，没有什么指导路线引导我们走向未来。马克思主义的经典理论家们都去世了，没有针对社会主义民主的性质为我们提供一个清晰的大纲。我们正进入一个未知领域，关于社会主义民主我们所知道的内涵，说明在当今的形势下，它的自发出现是不可能的。相反，困难和有目的的努力，对实现社会主义民主的重新觉醒和把它置于走向生成的道路来说，是绝对必需的。这是不难理解的，只要认真对待我们已经讨论过的列宁有关政治自觉性的定义所说的内容。按照列宁的表述，向着社会主义民主化的运动，只能接受外来方向的激励，因为它不可能在民众的意识中自发地产生。的确，我们已经强调过，劳动群众现在极为普遍的冷淡，只能通过一种外部力量提供的目标来推动其向这种社会主义民主的活动发展。在马克思主义者看来，从这些少量的但也是基本的事实就能看清楚，在这种有目的的方向的建立中，当然的领导者和动力必定是共产主义的政党。这里接触的问题，是动员的问题，是现时私有的、主体间的和隐蔽的运动，在实际生活中把它们组织成为解放者、有目的和有方向的行为。马克思主义的重新唤醒要求对所召唤的重大的一般社会任务的正当性承担责任。《共产党宣言》已经阐明了共产主义者的使命，实际上他们"强调和坚持整个无产阶级共同的不分民族的利益……始终代表整个运动的利益"[14]。半个世纪以后，列宁继续把马克思的这些思想实行并且落实为具体政策。由于对阶级意识有一个正确的定义，在超越现在的斗争中，列宁认识到，党对社会动力的总体性有一种更为清晰的洞见，党代表无产阶级的重大而持久的事业。列宁从不怀疑党的领导作用，今天党必须与私人文化的隐蔽世界接触并且与之相联系。

在斯大林时期的实践中，党也屈从于策略的官僚主义。在党的问题上，我们只能以简短的篇幅，在与面向我们的任务与可能性的关系中讨论主要问题。首先，党的成功的活动，及其持久的生命，依赖于马克思主义的复兴。在恢复党的元气方面，有一个因素是异常重要的，即党内民主。在东欧世界，有某些思想意识寻求通过资产阶级多党制的手段来进行当时社会主义的内部改革。在本书开头，我们提出了对资产阶级民主的批评。由于不可能更深入地涉及这个复杂的问题，这里只需要论及我们所指社会主义世界内部的一种有效的党内民主。我们必须了解，在资本主义民主的多党制中，没有什么政党实行过真正的党内民主。

从党的问题这一角度来看，党的最为紧急的任务，是国家与党之间工作的实际分工。社会主义民主的重大新任务，是在日常生活中对现存和发生作用的阶级社会残余的实际的净化。社会主义社会仍然存在阶级社会的残余，有时特别以高度消费的形式出现。经济上的普遍改善，特别是不以社会主义为目标的发展，将提高生活水准，这势必加重过度消费的问题。这种喧嚣的消费主义既不能通过官僚主义的命令，也不能由

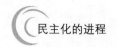

新的宣传被消除。在这一点上，社会主义民主必须与列宁的深刻的习惯化定义相联系。只有当人们习惯于降低人类存在的尊严，经常把自我毁灭与反人类的驱动相联合的行为弃置一边，习惯化的实践才能发生作用。习惯化必须创造一种社会存在，它抛弃对同伴的人类存在或它们自身生活（二者内在地不可分离）的任何侵犯的态度。一个存在的创造物在内容上是社会的，它是习惯化渐进过程的最后结果。人的这样一种内在变化，没有日常生活外部世界的改组，就不能够实现。不论物质生产自身是否发展到一种高水平，除非日常生活不仅成为作出政治决策的场所，而且成为社会存在的基础，否则共产主义社会就不会出现。

几十年来，资本主义的幸存问题已经被无数次论及。人们批评它、谴责它，甚至宣告它的崩溃。从社会学的视角来考虑，对资本主义的这些谴责是有些过于简单了。每个社会都是一种个别例外和未来先兆的合成物、一种矛盾的混合物，不对称的力量既向着肯定的方向又向着否定的方向运动。尽管设想在重要性的等级上有重大差别，每个人只是靠他自己，只是通过他自身的努力，就都能克服他与人性存在的疏离。在大多数情况下，这个过程总是从对这种疏离特殊形式的批评或自我批评出发。然而，真正的人的自由只能从人的客观周围环境中社会条件的变化开始。依据这种发源于社会的存在观，当生活的新条件发展了，它可能使现在的自觉行为与过去的观念相分离，人的典型态度就能被看作事实上是超越的。（同类相食和族间深仇便是社会如何使人的行为成为习惯的例子。）在重大的社会转型时期，个人在思想或道德基础上转换的尝试，自然起着重要的作用。不管意向如何，这些个人行动的类型，从来就不能达到上述意义上的现实的社会普遍性。要改变人，首先就必须改变社会。这里我们涉及的是整个人在其全部生命的表现中的一种基本转变，而不只是在特殊的、单一的生活条件内的一种特定的、具体的、个别的罪恶的超越。笔者不想低估这类个人转变。相反地，笔者深信在人类历史的过往时代，个人的和社会的抗议创造了社会超越的可能性。如果过去不存在这种个人或集体的抗议，没有与其所处时代的非人性进行斗争，没有对人性尊严的否定之抗争，那么历史就不会有希望。尽管这些斗争是带着一种错误的意识而进行的，尽管它们可以为纯粹的乌托邦实验所左右，但它们仍然有助于创造历史的可能和未来。

笔者也不相信，人们单纯按照他们直接的实践—社会结果，就可能判断这些超越关于我们生存的人类无礼言行之企图。人类发展的预先存在的历史（马克思以深刻的逻辑称之为人类的史前史）在贡献于这些社会转变的那些主观态度的形成中，只是提供分散的并经常是矛盾的要求。人们必须审慎地估价所有这些企图，必须从这些考察中认识到，人性的形成是它自身活动、自身社会活动的结果。然而，超越从来不能在真实中发生，它必须总是与现存的种种实际可能性相一致，而客观的社会再生产过程总会给这种转变设置限制性条件。社会主义民主要求超越过去的反人性的最高发展形式。（把别的人类存在对一个人的自身自我发展的实践作为限制、作为纯对象、作为可能的对立面或敌人。）社会主义民主要求完成这项任务，因为对于这种决定性的转变，唯独它可能产生一种社会—人性的基础。

过去直接革命的伟大的苏维埃运动，充满着本能的倾向，把问题的这种复杂性置于历史的日程上。苏维埃产生的现实条件，与俄国内部存在的客观、具体的普遍问题相一致。对苏维埃的回忆以一种不可遏制的形态，存活在广大人民群众中。这些群众虚幻地以理想主义—乌托邦的希望为根据，他们相信，这个运动的单纯复活，能打开一种有关人性的新眼界。他们相信，苏维埃运动的固有倾向，是向着复活与新生的。但是，在后斯大林主义世界，苏维埃运动不能成为社会主义复活的仅有力量。现在的一项迫切任务，是所有社会主义国家，都在从事它们的经济重建。在这种背景下，苏维埃制度似乎是下列两种制度之外唯一可行的选项：斯大林对社会主义的极度官僚化以及对资产阶级民主的现实性操纵时期。苏维埃在一个新时代的开端达到了新的历史可能性。人们不能从这些事实得出结论，认为苏维埃能够具有再度激起早期的火山和剧变的某种现象。人们只能得出结论说，民主化的新形式必须从社会—历史的形式向前发展。虽然它还不是现存的事物，但当前世界经济提供了正在到来的危机的日益增长的迹象，而马克思主义对危机的说明——令人遗憾，还是不充分的——提出了民主化进程的某种复兴。几十年来，资本主义世界和社会主义世界都给人一种不可毁坏的连续性的印象。但是，它们充满着一般的矛盾、分化以及不可解决的冲突，而这些都正在走向表面化。不过，资本主义和社会主义世界，通过和解或者通过日常操作性协议的连续，可以继续以它们当前的形式存在。资产阶级政府在试验增选的策略，因为它们渴望把依然混乱的自发的抗议运动吸纳到政

权体系中，从而加以平抚。

世界范围的社会政治危机是明显的。我们从这些粗略考察的任务中，不能总结出一个政治—经济复兴的详细纲领。从危机中开始了一个马克思主义的新时代。以马克思方法论的复兴为基础，马克思主义者面临的基本的新任务，就是去发现反对资本主义的帝国主义以及倡导恢复社会主义内在活力的新道路。这里我们不能讨论旧与新、死亡的马克思主义的过去与有生机的马克思主义未来的新时代之间的关系。这里必定既有连续性又有非连续性，马克思主义过去有活力的遗产必须延续下去，而它的畸形则必须中断。涉及过去与未来的关系时，我们能够也必须说明，社会主义生产的重建，不仅是一种经济上的努力，而且应当被看作人的转变；这种转变为日常生活中习惯于人的尊严的存在，并把这种尊严渗透到生活的全部多样性表现中奠定了基础。经济的发展向人性转变的这些原则的实际运用是极为复杂的。在直接的层次上，转变单纯是一种经济的改革，目的在于生产和分配机构的量的增加和质的改善。社会主义经济的许多问题，虽然与增加消费的内在联系已经成为生死攸关的问题，然而却是不可能由资本主义"模式"的简单引进而解决的。那些在资本主义条件下市场本质上是以自发的形态能够完成的经济任务，在社会主义条件下必须扩大为包括为了生产过程民主化的多面性和多样化的形式，从计划的阶段到它的实际运用都是如此。在第一种场合，这必然是一个纯经济的问题。然而，即使在这个层次上，工会问题也会立即出现，这导致列宁主义观点在当代的复活，并且急切地迫使托洛茨基主义思想的出现（比如它存在于 1921 年有关工会问题的论战中）。群众的真正的激活、对冷漠的克服，如果没有列宁主义主张的复兴，是不可能的。这种经济改革的过程，确实要持续一段时间，将要求创造新的经济形式、新的经济组织模式。如同我们已经指出的，在这个过程的每一个阶段上都将会发生先行的实验，来唤醒和形成社会主义社会所需要的主体性态度。不想沉迷于劳动的机械分工，在这种社会重建的第一个阶段，国家的民主化制度和群众组织（工会）肯定会被要求发挥领导作用。在第二个阶段，一个民主化更新的共产党在它自身内部担负着一种极为重要的任务。通过继续推进民主化的国家和工会，对于重建的政策进行持久的批评方面，党必须完成决定性的重要作用。当然，我们必须永不忽视由群众自身自发直接的主动性给予这个改革过程的决定性的追加动力。但是，要事先预告再生的和新形成的苏维埃运动将要求发挥何等重要和什么类型的作用，这是不可能的。的确，我们的沉思，能够最高概括的，只是要求提出关于未来可能性的高度推测的纲要。

从表面来看，世界似乎是不变的。但这是一种蒙蔽的观点。当前所有历史趋向的结合表明，整个世界是被一种牢不可破的动力驱动向前的。在一种特殊历史结构的内部，现实是由社会多个阶段的内在的和连续的发展所支配的。在资本主义的操作制度中有危机，而非殖民化的过程在人类面前打开了新的视角。这些是正在发生转变的重要征兆。无论如何，对于我们来说，最本质之点，就是共产主义运动向着马克思主义复兴的内在趋向。在社会革命的复兴中，它的真正的理论—实践的领导作用的更新，是与人性的愿望相一致的。任何社会的恢复活力的过程，必然与骚动性、不确定性相联系。而党将从这样一种挑战中解除威胁，并且集中努力于在一种不变的形式中维护最近几十年来似乎是静止的、狭窄的连续性，便全是十分自然的事情了。依据当前历史危机的透视，在最后的分析中，这些对于保持所作的努力，看似是无用的。关于转变时期的一般社会—历史基础，马克思写道："人类始终只提出自己能够解决的任务，因为只要仔细考察就可以发现，任务本身，只有在解决它的物质条件已经存在或者至少是在生成过程中的时候，才会产生。"任何要保存斯大林体制的思想，如同惊人的谬误或用当代的术语来说，如同正在发生的、直接激进的革命的推翻那样，是没有希望的。今天，绝大多数的年轻人和左翼知识分子，认为这类富于浪漫色彩的革命学说具有强大的吸引力。与这种世界性的危机相关，我们正在世界各地以各种方式所面临的问题，是对于具体前景和目标对于推进其内在发展的具体手段的自我理解——这是一个广泛的实际上充满内外矛盾的过程。

社会主义是与过去的彻底决裂。对社会主义与斯大林体制遗产作根本分离的任何忧虑实际上是不正确的。列宁只是偶尔或者只是在重大胁迫下才要求一种"呼吸的空间"。当苏维埃面临生存的持久威胁时，他才这样要求。社会主义的重大政治活动（如战胜希特勒、核均势的成就），为致力于国内重建，提供了呼吸空间的最为坚固的基础。当然，帝国主义者将仍然是帝国主义者。而另一方面，人们也不能忽视帝国主义世界内部已经发生的变化。帝国主义者的社会基础，他们对权力的无

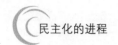

休止、无限制的驱动，与 1914 年或 1945 年战后那一时期相比，早已有所不同了。时间有利于社会主义的内部重建，因为帝国主义世界对社会主义的威胁比列宁的时代少一些了。我们必须记住，我们是生活在开始内部改革长远过程的有利时刻。帝国主义武装干涉的危险，在列宁的时代比今天要更严重。为了表述一种极不愉快的真相，我们必须同时承认，资本主义国家的群众和知识分子对我们的自发同情，在 1917 年远比今天强烈。其中的原因是显而易见的。在 1917 年和随后的年头里，资本主义世界的许多人［从阿纳托尔·法朗士（Anatole France）到普通的工人和妇女］感到，在苏联发生的每件事，是对他们自身的解放的贡献；在苏联显现的每件事，都是一种与他们自身的事业、与他们自身的人类拯救相联系的斗争。斯大林在所有理论与实践问题上向策略的绝对统治的过渡，在很大程度上，是切断俄国事件与西方良心之间这种联系思路的利刃。在这种西方良心与俄国共产主义的隔离中，20 世纪 30 年代莫斯科试验这一事件自然起着极为重要的作用。然而，不光彩的个人行动的影响是能够被克服的，而一种使俄国共产主义与西方之间发生分离的牢固的意识形态路线则不然。苏联与西方世界相分离的发展模式，是由于资本主义的精神把人们驱向为直接满足和个人享乐而表现为不可遏制的欲望。在资本主义条件下，经济水平和生活标准上升的一般影响、技术领域的特殊成就，以及所有这些成功造成的自我沉沦，都妨碍人们回到 1917 年存在的共同性情感。但是，这种良好感觉复苏的可能性，是包含在每个资本主义社会里的。只有在社会主义社会，人类转变的迷人梦想才有可能实现。在战争结束时，社会主义社会以其不灵敏的宣传机构的全部力量，试图发明一种有着像"美国生活方式"的广告那样多的吸引力的意象或口号。但是，真实的人的本质的不足也会使最广泛的、组织得最好的广告机构归于失败。对人类存在的赞助和尊重，不能由财政投资而获得。只有社会主义能够参与这种人类生成的戏剧。资本主义精神是与这种精神的追求相对立的。然而，如果社会主义和资本主义被召唤到这个目标上，那么对 1917 年的同情的重新爆发仍然是可能的。

自苏共二十大以来，这就是贯穿整个世界的一般形势。显然必须一而再，再而三地强调的是，帝国主义就是帝国主义，只要它没有被革命推翻，只要其基础未从根本上毁灭，它就一直会是这样；只要一息尚存，资本主义显然会寻求实现对社会主义的瓦解之机会。但是，取得核均势，就使得第三次世界大战或者资本主义对社会主义进行彻底打击，成为极其危险而可能自我毁灭的事情。因此，由于发动第三次世界大战的实际可能的大为减少，国际范围的意识形态的斗争就显得更为重要。所以，在苏共二十大之后，这些路线的创始者，就把共处描述为核均势的产物，看作阶级斗争的一种新形式。在阶级斗争的这种新形式中，按列宁的话，谁反对谁的原则便生效了。那些希望恢复斯大林体制的人是存在的。有些人只是寻求暂时的、形式的修改，想放慢改革的过程，但这些力量不占优势。然而，这类希望仍然存在，支配帝国主义体系内部危机的信号，给它们以推动。他们想等待资本主义的瓦解，以为这样一种骚动将可维护他们的保守主义。而在另一方面，当前整个世界还存在着新的进步和希望的力量。尽管这些力量比较微弱，而且仍然混乱，却仍然寻求与马克思主义的重新接近。存在一种马克思主义复活的动力。客观地说，这类运动只能与社会主义结盟。列宁主义传统体现了联合一致反对共同敌人的可能性，并且正是通过逻辑辨析和原则批评的手段防止马克思主义的畸变。斯大林主义是持久革命的心理。它铭刻着视为人民敌人的各种持异议的观点。谁若不同意官方用策略规定党的决议，谁就会被判定为颠覆分子或帝国主义代理人的直接工具。要用政府机构的有组织的手段来努力毁灭他们。这就是大清洗的方法。但是，列宁主义与斯大林主义之间的斗争——没有进行具体组织活动——是今日外部社会主义世界与内部官方意识形态斗争的基础。

斯大林主义的存在，是社会主义领域内部社会主义民主化兴起的最大障碍。它同样是国际合作和全体人民一致努力于马克思的真正方法复兴的主要障碍。马克思主义为今日世界上所有发生的事情提供了启发，它能帮助所有那些寻求面向未来的人，正如它在马克思、恩格斯和列宁时期最起作用时所体现的那样。此外，对向社会主义民主化转变的认识，对社会主义作为通向共产主义、通向结束人类史前史的途径的认识，今天与马克思生活的时代所表现的是大为不同了。马克思主义的图景，是在一百多年前描绘的，它表明资产阶级发展和社会主义革命发展的不同道路。这些革命的基础是推动它们前进的阶级斗争，这些革命是未来社会可能性的发源地：资产阶级革命，例如 18 世纪的革命，总是突飞猛进、接连不断地取得胜利的；革命的戏剧效果一个胜似一个，人

和事物好像被五彩缤纷的火光照耀，每天都充满极乐狂欢；然而这种革命为时短暂，很快就达到自己的顶点，而社会在还未清醒地领略其急风暴雨时期的成果之前，一直是沉溺于长期的醉醺醺状态。相反地，像19世纪的革命这样的无产阶级革命，则经常自己批判自己，往往在前进中停下脚步，返回到仿佛已经完成的事情上去，以便重新开始把这些事情再做一遍；它们十分无情地嘲笑自己的初次企图的不彻底性、弱点和不适当的地方；它们把敌人打倒在地上，好像只是为了要让敌人从土地里吸取新的力量并且更加强壮地在它们前面挺立起来一样；它们在自己无限宏伟的目标面前，再三往后退却，一直到形成无路可退的情况时为止，那时生活本身会大声喊道：

> 这里是罗陀斯，就在这里跳跃吧！
> 这里有玫瑰花，就在这里跳舞吧！[15]

今天，罗陀斯还在遥远的未来。然而，事事都说明，只有马克思所预示的道路才能把我们引向那个未来。而这个遥远未来的到达程度，将取决于共产主义运动的见识和勇气。

注　释

[1]Jánossy, Ferenc, *Das Ende der Wirtschaftswunder*（The End of the Economic Miracle），Frankfurt/Main 1966.

[2]《马克思恩格斯文集》，第 5 卷，870 页，北京，人民出版社，2009。

[3]同上书，846 页。

[4]《资本论》（第三卷），《马克思恩格斯文集》，第 7 卷，928～929 页，北京，人民出版社，2009。

[5]《哥达纲领批判》，见《马克思恩格斯文集》，第 3 卷，435 页，北京，人民出版社，2009。

[6]《马克思恩格斯全集》，中文 1 版，第 46 卷下，113 页，北京，人民出版社，1980。

[7]同上书，218～219 页。

[8]《论犹太人问题》，见《马克思恩格斯全集》，中文 1 版，第 1 卷，438 页，北京，人民出版社，1956。

[9]《共产党宣言》，见《马克思恩格斯选集》，2 版，第 1 卷，275 页，北京，人民出版社，1995。

[10]参见《关于自决问题的争论总结》，见《列宁全集》，中文 2 版，第 28 卷，

16～57页，北京，人民出版社，1990。

[11]《怎么办?》，见《列宁选集》，2版，第1卷，293页，北京，人民出版社，1972。

[12] 参见《论无产阶级在这次革命中的任务》，见《列宁选集》，3版修订版，第3卷，13～18页，北京，人民出版社，2012。

[13] 参见《关于民族或"自治化"问题》，见《列宁选集》，3版修订版，第4卷，755～761页，北京，人民出版社，2012。

[14]《共产党宣言》，见《马克思恩格斯选集》，2版，第1卷，285页，北京，人民出版社，1995。

[15]《路易·波拿巴的雾月十八日》，见《马克思恩格斯选集》，2版，第1卷，589页，北京，人民出版社，1995。

图书在版编目（CIP）数据

民主化的进程/（匈）卢卡奇著；张翼星，夏璐译. —北京：中国人民大学出版社，2015.6

（马克思主义研究论库. 第 1 辑）

ISBN 978-7-300-21556-3

Ⅰ.①民… Ⅱ.①卢… ②张… ③夏… Ⅲ.①民主-研究 Ⅳ.①D082

中国版本图书馆 CIP 数据核字（2015）第 149925 号

国家出版基金项目

马克思主义研究论库·第一辑

民主化的进程

［匈］捷尔吉·卢卡奇（Georg Lukács）　著

张翼星　夏璐　译

Minzhuhua de Jincheng

出版发行	中国人民大学出版社	
社　　址	北京中关村大街 31 号	**邮政编码**　100080
电　　话	010－62511242（总编室）	010－62511770（质管部）
	010－82501766（邮购部）	010－62514148（门市部）
	010－62515195（发行公司）	010－62515275（盗版举报）
网　　址	http://www.crup.com.cn	
经　　销	新华书店	
印　　刷	涿州市星河印刷有限公司	
开　　本	720 mm×1000 mm　1/16	**版　　次**　2015 年 6 月第 1 版
印　　张	11.25 插页 1	**印　　次**　2024 年 6 月第 2 次印刷
字　　数	174 000	**定　　价**　76.00 元